ANGELA MARCONDES JABOR

Energias
e
Magias

ASCEND

Copyright © 1995 Angela Marcondes Jabor

10ª Edição – outubro/2008

Capa
Nelson Jonas Ramos de Oliveira

Revisão
Marly Rubio Lotti

Projeto Gráfico e Diagramação
José Carlos da Silva Fernandes

Dados Internacionais de Catalogação na Publicação (CIP)

Jabor, Angela Marcondes

Energias e Magias – Angela Marcondes Jabor – São Paulo: Ascend Editora, 2008

ISBN: 85-9844320-4

1. Angeologia. 2. Ciências Ocultas. 3. Oração. 4. Vida Espiritual. 5. Paz de Espírito. I. Título.

Todos os direitos reservados para Ascend Editora. Proibida a reprodução total ou parcial, por qualquer meio, inclusive Internet, sem a expressa autorização por escrito da autora e editora.

Fone/fax: 11.2232-2756
vendas@ascendeditora.com.br
www.ascendeditora.com.br

Aos meus pais,
José Jabor (in memoriam) e
Mayse Maria (in memoriam)
todo meu amor, admiração e gratidão.

Índice

Relato da Autora 07
É Preciso Agir 11
Prece de Cáritas 15
- Oração 16
Agradecimento ao Senhor 19
Mensagem do Anjo Guardião 21
Introdução 23
Energias e Magias 27
Mantras - Palavras de Poder 29
- Sugestões para obter bons resultados 29
- Mantras dos 72 Anjos Cabalísticos 31
- Mantra Sagrado do Tibete 35
- Alguns Exemplos de Mantras 35
Afirmações 37
Sob a Proteção dos Arcanjos 39
Arcanjo Miguel 39
Arcanjos Rafael, Miguel, Gabriel e Uriel 39
Orações 41
- Oração para o mês que se inicia 41
- Oração para a semana que se inicia 42
- Orações para cada dia da semana 42
A Força Poderosa dos Salmos 47
O Salmo Nosso de Cada Dia 49
A Magia dos Salmos 55
Harmonização dos Chackras 57
- Os Chackras Principais 57
Florais 61
- Tipos de dosagens 62
Sonhos 73
- Sugestões para ter bons sonhos 74

- Mensagens dos anjos através dos sonhos 75
- Significado de alguns símbolos 76
Banhos 79
Purificação Externa 81
- Ingredientes sugeridos 82
- Algumas sugestões de aroma 83
Semana Mágica 85
- Ritual 85
Invocações aos Anjos Cabalísticos 89
- Para Amor 89
- Para Saúde 92
- Para Soluções Imediatas 93
- Para Proteção 94
- Para Prosperidade 96
- Para combater e eliminar angústia, tristeza, melancolia e depressão 97
Magias com os Anjos Cabalísticos 99
Elementais 101
- Altar dos Elementais 102
- Invocações 103
- Ritual dos Elementais 104
- Rituais para o amor 106
Sugestões para escolha da cor da vela e objetivo do pedido 107
Elementos 109
Ar 109
Terra 109
Fogo 109
Água 110
Conclusão 111
Obras Consultadas 113

Relato da Autora

Em 1994, publiquei meu primeiro livro Tarô Instrumento de Auto-Ajuda. Ele surgiu por causa de várias queixas a respeito das dificuldades encontradas na hora da interpretação. As pessoas me diziam que por mais que estudassem os livros ou fizessem cursos, na hora "H", durante a consulta, não conseguiam interpretar a mensagem transmitida pelas cartas. E sentiam maior dificuldade se tivessem que fazer a ligação de uma carta com outra.

Sabemos que resposta pronta não existe e que temos que buscá-la, pacientemente. E, por incrível que pareça, sempre buscamos por ela em lugares distantes, mas, quando retornamos a nós, nos deparamos com ela.

Há uma história judaica que conta que um pobre e piedoso rabino, chamado Eisik, filho de Jekel, teve o mesmo sonho por três noites seguidas, pelo qual era instruído a ir até à cidade de Praga encontrar um tesouro oculto que estava sob uma enorme ponte que levava ao palácio real. O rabino ficou intrigado com a repetição do sonho e embarcou em sua viagem. Chegando lá encontrou a tão mencionada ponte, mas não pôde iniciar sua busca por esta ser vigiada dia e noite. Um capitão que estava de vigia percebeu-o rondando a ponte e fez-lhe perguntas. O velho rabino contou a respeito dos seus sonhos. O homem que ouvia dava gargalhadas ao saber que o rabino havia gasto seu tempo e seu sapato por causa de um sonho. E disse que uma vez também havia recebido uma mensagem em sonho para que fosse até Cracóvia procurar um tesouro que existia num canto empoeirado atrás de uma velha estufa, na casa do rabino Eisik, filho de Jekel. E por ser ele um homem racional, não acreditava em sonhos. Após ouvir o capitão, o rabino agradeceu-lhe imensamente e retornou rapidamente para sua casa. Ao chegar correu para a velha estufa, começou a cavar ansiosamente e, para o seu espanto, encontrou o tesouro, que pôs fim à sua pobreza.

Em resumo:

"*O verdadeiro tesouro que pode pôr término à nossa pobreza e a todas as nossas provações nunca está muito distante. Não é preciso ir buscá-lo num país longínquo. Ele jaz enterrado na parte mais íntima da nossa própria casa (nós mesmos). Se soubéssemos ao menos desenterrá-lo!*"

Com tantas queixas a respeito das dificuldades encontradas, pude perceber que essas pessoas estavam passando pelas mesmas dificuldades pelas quais passei. Então procurei o meu caminho: passar de forma clara o que muitos dificultavam, conscientes ou inconscientes por medo de adquirirem concorrentes e com isso terem que dividir ou até mesmo perderem o seu espaço, espaço este que é amplo e onde cabe todos nós. Tenho uma visão completamente oposta de muitos que trabalham nesta área. E às vezes me entristeço com o egoísmo que encontro nessas pessoas que se intitulam "esotéricas, tarólogas, etc." mas visam somente ao lado material, ao sucesso e à fama e se deixam dominar pela vaidade do estrelismo, esquecendo-se de ajudar o seu próximo no momento em que ele mais necessita. Quando me refiro a essa ajuda, não menciono a ajuda material, que acaba rapidamente, mas sim à ajuda que se dá com uma simples palavra que pode durar por toda uma eternidade.

Realmente, esta é uma boa forma para se ajudar alguém: uma boa palavra no momento certo. Lembramos que não viemos aqui nesta vida para competirmos e sim para nos unirmos. Como dizem: "A união faz a força." Se nos unirmos com o propósito de praticar o bem, o bem virá a todos nós. Porque aquilo que damos é o que conseqüentemente recebemos - viveremos bem e teremos a paz que tanto almejamos.

Ao perceber onde se encontrava a dificuldade, não vacilei e dei o pontapé inicial em minha ousada empreitada. Foram meses de profunda dedicação no propósito de eliminar os obstáculos que as impediam de ter acesso aos mistérios do Tarô. Havia em mim um único objetivo: o de facilitar às pessoas o entendimento da linguagem do Tarô, para que pudessem captar claramente as suas mensagens.

Mesmo com várias noites sem dormir, em momento algum fui abatida pelo cansaço. A cada palavra que escrevia, existia o forte sentimento de amor e carinho por cada leitor que imaginava estar com este livro nas mãos. Pois sempre acreditei que tudo que é feito com amor resulta em grande satisfação. O resultado foi e continua sendo muito gratificante. O amor e carinho que impregnei em cada palavra dirigida aos meus leitores estão me retornando com a mesma intensidade por meio das numerosas cartas que venho recebendo de todo o canto do Brasil.

Lançado o livro continuei meu trabalho sem sequer pensar na possibilidade de vir a escrever um novo livro. Enganei-me completamente. Dois meses após o seu lançamento, já estava novamente dando início ao livro "Tarô A Solução Atual", que vem acompanhado pelos 22 arcanos maiores do Tarô.

Com apenas 7 meses, o primeiro livro – "Tarô Instrumento de Auto-Ajuda", já era considerado pelos leitores como o melhor do gênero; e com o trabalho de divulgação, o boca-a-boca, o livro se esgotou rapidamente. Um recorde no campo editorial, dito por pessoas da área. Sinto-me uma privilegiada por ter encontrado pessoas fantásticas que me apoiaram e prestigiaram o meu trabalho. Aos poucos venho adquirindo amizades que muito vêm me enriquecendo espiritualmente.

No segundo livro – "Tarô A Solução Atual" – amigos pessoais e leitores amigos me perguntavam, me pediam e alguns até exigiam, de forma carinhosa, um terceiro livro.

Hoje, tenho vários livros publicados e estou consciente de que o sucesso deles devo a todas as pessoas que de maneiras diversas colaboraram nesta minha caminhada e busca de um presente melhor. Após receber inúmeras cartas amáveis e carinhosas, só me resta desejar a você, querido leitor, que este livro lhe seja tão útil quanto benéfico no seu dia-a-dia. Que com ele você remova todas as montanhas que o incomodam e o impedem de caminhar.Que ele seja a chave para lhe abrir novos horizontes repletos de acertos, vitórias infinitas, rumo a sua felicidade.

Se Deus quiser e permitir, esta será mais uma obra para promover somente o bem na vida de todos.

Há pessoas que não acreditam que os sonhos se tornam realidade, mas eu não posso concordar com elas, já que os meus estão se realizando, a cada dia que amanhece. Portanto, se os meus sonhos se realizam com certeza os seus também se realizarão. Basta acreditar e ter fé no seu poder de realizá-los. Não desperdice as suas oportunidades com falsas crenças. Agarre-as com toda a força que habita em você. Se Deus nos deu a oportunidade de reparar nossos erros e de sermos felizes, por que não aproveitá-las de forma correta?

Que Deus nos permita realizar o sonho maior de todos – paz infinta em nós, em nossos lares, em tudo e com todas as pessoas.

Se tudo nos chega por merecimento, vamos fazer por merecer. Vamos tornar os sofrimentos motivo de alegrias e não palco de lamentações, pois por meio deles adquirimos experiências e com elas, uma vida mais digna e perfeita.

Devemos sempre agradecer até mesmo a quem nos causa tristeza e sofrimento, pois estaremos tendo a oportunidade de reparar algum mal que lhe causamos e quitando alguma dívida que adquirimos com ela nesta ou noutra existência. Acredite ou não, é assim que funciona a lei divina.

Muitas vezes os seus obstáculos não estão fora, mas dentro de você. Se você procurar, poderá se surpreender ao encontrá-los na profundeza de sua alma. Vire a página, comece uma nova vida, transforme-se e seja infinitamente feliz.

Acredite. A sua felicidade não está nas mãos de ninguém, depende exclusivamente de você.

É Preciso Agir

As pessoas vivem buscando a fórmula para ser felizes. Muitas se encontram tão envolvidas neste círculo vicioso da matéria que estão se deixando abater facilmente por preocupações financeiras, o que abala as suas estruturas e enfraquece o seu estado mental, físico e emocional. E assim acabam desequilibrando seus relacionamentos familiares, afetivos e outros. Algumas estão tão sufocadas pela solidão que buscam desesperadamente por uma companhia. É triste, mas é real. Hoje, é fácil encontrar pessoas que, de uma ou outra maneira, se queixam, lamentam e têm a capacidade de se tornarem vítimas de si mesmas.

As pessoas conseguem com enorme facilidade reclamar de tudo, principalmente pelo que não têm e se esquecem de agradecer o pouco que têm. Tornou-se um hábito se queixar o tempo todo. Conheço pessoas que não há um único dia em que não se queixam. Se está sol, reclamam pelo calor insuportável. Se vira o tempo e dá uma esfriada acham ruim porque não têm disposição para nada a não ser dormir. É só chegar perto delas e receber uma enxurrada de queixas. Mesmo que caia uma fórmula mágica nas suas mãos, será que elas saberão usá-la em seu benefício? Ou, será que se lamentarão por terem sido atingidas por um "treco" que caiu em cima delas? Com certeza, dirão que agora não falta mais nada para acontecer na vida delas. Infelizmente, essas pessoas vivem tanto a esperar pelo pior que este sempre chega. É inacreditável, mas elas conseguem sempre achar um culpado para os seus sofrimentos. Não aceitam que o erro se encontra nelas. E de nada adiantará nessas horas tentar convencê-las, pois elas sempre afirmarão que têm razão. Se surgir um arco-íris no céu e você falar da beleza e suavidade de suas cores, pode ter certeza de que se uma pessoa assim estiver por perto, verá nele uma nuvem preta e pesada, prestes a se transformar numa terrível tempestade.

Quando penso nessas pessoas, fico a me perguntar: por que são assim? Será que tiveram tantas decepções que para evitar alguma mais já esperam pelo pior? Há pessoas, tanto homens quanto mulheres, que vivem buscando a cara-metade, mas tiveram tantas desilusões amorosas que acabaram formando um time de futebol com 11 jogadores no gol. Vivem na defensiva e acabam se afastando de quem tenta se aproximar. Têm facilidade para procurar defeitos e a maior dificuldade para enxergar as qualidades numa pessoa. Algumas se queixam por estar passando provações financeiras, mas nada fazem para obter melhorias. Outras lamentam a falta de emprego, mas não se movem nem por um período temporário para adquirir alguma atividade que possa suprir a sua falta. Muito se fala e pouco se faz. Se alguém espera por uma fada madrinha com uma varinha de condão para resolver os seus problemas, está na hora de mudar, pois isto será muito difícil acontecer. Tudo acontece de acordo com o merecimento. A acomodação e a lamentação em nada ajudará. Eliphas Levi em seu livro "A chave dos grandes mistérios", escrito no século XIX, cita: *"O grande mestre, numa de suas parábolas, condena unicamente o preguiçoso, que enterrou seu cofre com medo de perdê-lo nas operações arriscadas deste banco que chamamos vida. Nada pensar, nada amar, nada querer, nada fazer, eis o verdadeiro pecado. A natureza não reconhece e não recompensa senão aos trabalhadores.*

A vontade humana se desenvolve e aumenta pela atividade. Para querer verdadeiramente, é preciso agir. A ação sempre domina e arrasta a inércia." E mais... *"A ousadia unida à inteligência é a origem de todo o êxito neste mundo. Para empreender é preciso saber; para realizar, é preciso querer; para querer verdadeiramente, é preciso ousar; e, para colher em paz os frutos de sua ousadia, é preciso calar-se."* E afirma... *"Não há vício que não deixe traço, virtude que não tenha seu sinal."*

Até então tudo aqui falado teve um propósito: despertar quem se encontra adormecido. Pois é muito triste e até constrangedor encontrar pessoas que tornam suas vidas um mar de lamentações. Você já parou para pensar no fim que uma pessoa assim possa vir a ter? Provavelmente uma vida solitária, sem ter sequer alguém para ouvi-la. Você acredita que uma pessoa assim está vivendo? Está vegetando, empurrando a vida com a barriga, criando infelicidades tanto para ela como para as pessoas que convivem diariamente com ela,. E são pessoas que a amam e sofrem por vê-la sofrer, cientes de que somente ela poderá fazer algo por si mesma e mudar a situação. Que Deus a ilumine e a desperte para um novo amanhecer. Agora, se por acaso você também for assim, se esforce, lute, insista, persista, para livrar-se das amarras que o impedem de ter uma vida digna e feliz. Deixar a vida passar despercebida é o maior erro do ser humano. A vida é uma dádiva de Deus, que atendeu nosso pedido. Quem garante que nenhum de nós chegou a suplicar por esta dádiva?

Não vamos jogar no lixo a oportunidade que estamos tendo. Não há necessidade de buscar a sua felicidade em lugares tão distantes.

Este livro não chega às suas mãos para promover milagres em sua vida, porque estes só se realizarão se você permitir. Da mesma forma, não lhe revelo a "fórmula mágica", porque cada pessoa possui a sua e, no tempo certo, ela a descobrirá. Agora, passo-lhe algumas fórmulas que uso diariamente para tornar minha vida mais tranqüila, saudável, próspera, harmoniosa e feliz. O livro é um mero instrumento, somente você é responsável por sua vida e pelo uso que dela faz.

Que os anjos o iluminem em todas as suas escolhas.

Prece de Cáritas

Esta prece é muito conhecida pelos kardecistas. Eu, pessoalmente, a considero como uma das mais belas preces existentes, que já conheci. Uma vez, conversando com um amigo, comentei o quanto estava necessitando de uma iluminação. Ele me olhou com um gesto tão singelo e me perguntou:
– Angela, você sabe o que significa Cáritas?
Enquanto eu pensava no seu significado, sorrindo, ele me respondeu, LUZ.
Meu raciocínio agiu super rápido – *"exatamente o que, como eu, muitos necessitam"*.
Isto aconteceu entre 91/92, um período difícil que eu atravessei. Uma fase "terrível". Por mais que eu fizesse, lutasse, tudo saía errado. Segundo alguns astrólogos, eu estava vivenciando o "trânsito de Saturno", em que tudo eu fazia e nada acontecia ou acontecia de forma contrária aos meus desejos. Dizem que este trânsito é um período muito crítico. E realmente o é. O tal "trânsito" congestionou tudo na minha vida. Mas valeu a experiência, foi uma bela lição de vida com a qual troquei muitos dos meus valores. Graças à fé, à esperança e ao otimismo que cultivo no meu coração, em momento algum desanimei. Algo me dizia que dias melhores chegariam, só precisava acreditar mais em minha força. "Arregacei as mangas" e parti em busca de melhorias, de uma Luz que me iluminasse num bom caminho. Lembro-me de que cheguei a brincar com meu anjo protetor. Disse-lhe que se ele me desse ao menos uma lanterninha já me dava por satisfeita. Não precisaria me abrir uma porta, apenas a oportunidade de avistar um novo horizonte. Um pequeno olho mágico me bastaria. Meu anjo foi camarada. Não só me deu uma "lanterninha", mas também uma imensa Luz, "o encontro com meu amigo", que não só me abriu as portas, mas me forneceu a chave para abri-las. Num impulso, senti uma vontade enorme de fazer a "Prece de Cáritas". Ao começá-la, já pude sentir a força que possuía. A cada frase lida as palavras penetravam profundamente em mim. Uma emoção imensa tomou-me por completo. A partir deste dia, eu a fazia diariamente. O resultado foi esplêndido, infinitamente maravilhoso.

Com esta magnífica experiência minha vida melhorou muito. Sempre que puder, faça esta prece e você verá o quanto ela é poderosa para transformar a sua vida.

Oração

Deus, Nosso Pai,
que Sois todo o poder e bondade,
dai força àqueles que passam pela provação,
dai Luz àqueles que procuram a verdade,
e ponde no coração do homem a compaixão e a caridade.
DEUS,
dai ao viajor a estrela-guia, ao aflito a consolação,
ao doente o repouso.
PAI,
dai ao culpado o arrependimento, à criança o guia,
ao órfão o pai.
Que Vossa bondade se estenda sobre tudo que criastes.
Piedade meu Deus para aqueles que não Vos conhecem,
esperança para os que sofrem.
Que Vossa bondade permita aos espíritos consoladores
derramarem por toda parte a paz,
a esperança e a fé.
DEUS,
um raio, uma faísca do Vosso divino amor pode
abrasar a Terra.
Deixai-nos beber na fonte dessa bondade fecunda e
infinitae todas as lágrimas secarão
e todas as dores se acalmarão. Um só coração,
um só pensamento subirá até
Vós como um grito de reconhecimento e de amor.
Como Moisés sobre a montanha, nós Vos esperamos
de braços abertos.
Ó bondade, ó beleza, ó perfeição, queremos de alguma
sorte merecer a Vossa misericórdia.

Angela Marcondes Jabor

DEUS, dai-nos a força de ajudar-nos no progresso de subir até Vós, dai-nos a caridade pura, dai-nos a fé e a razão, dai-nos a simplicidade que fará de nossas almas o espelho onde refletirá um dia a Vossa santíssima imagem.

Energias e Magias

Agradecimento ao Senhor

Obrigado Senhor, Mestre Jesus, por mais
este dia maravilhoso.
Obrigado pela oportunidade que me concedeis de renascer
neste novo amanhecer.
Obrigado pela possibilidade infinita de crescimento,
que se manifesta a cada instante na minha vida.
Obrigado pela capacidade de escolha que me dais nesta
minha atual existência.
Obrigado por toda minha sabedoria.
Obrigado pela saúde perfeita.
Obrigado pela prosperidade em toda a minha
vida e que há na minha família.
Obrigado pela harmonia que há em todos os
meus relacionamentos.
Obrigado pelas boas amizades que me cercam.
Obrigado pelas inúmeras bênçãos que derramais
diariamente sobre mim.
Obrigado pela paz que há no meu lar.
Obrigado pela liberdade de caminhar.
Obrigado pela satisfação e felicidade de
reencontrar-Vos.
Obrigado por existir na minha vida.
Obrigado pelo infinito sentimento de amor
que me une ao Senhor
e a todos os meus irmãos perante Vós.
Obrigado por me perdoar e me permitir
retornar a Vós.
Obrigado por me iluminar no cumprimento
da minha missão terrena.
Obrigado, infinitamente obrigado...
por ontem, hoje e sempre presente na minha vida.

Mensagem do Anjo Guardião

Amado Ser,

Creia que pelo seu esforço contínuo você chegará a Deus Pai-Mãe.
Creia que este encontro o libertará dos seus sofrimentos.
Cumpra suas tarefas diárias com o coração alegre e satisfeito.
Aprenda a ouvir sua voz interior.
Se esforce para manter a sua sabedoria no ato de perdoar.
Use a visão perfeita que Deus Pai-Mãe lhe deu para enxergar melhor
as oportunidades que recebe diariamente.
Expresse-se com suavidade nos seus diálogos diários.
Acima de todas as coisas, ame intensamente
todos os seus irmãos.
Abuse do seu poder criativo para criar paz, amor
e harmonia entre todas as pessoas.
Se precisar me chame, estarei sempre atento ao seu chamado.
Saiba que embora eu torça pelo seu crescimento espiritual,
respeito o seu livre-arbítrio.
Em verdade lhe digo, há muito tempo estou esperando
pelo seu apelo,
pois olhar por você, protegê-lo, ajudá-lo a evoluir é minha adorável missão,
a qual quero cumprir com a sua permissão.
Que Deus Pai-Mãe abençoe nossa união e evolução.

Teu Anjo Guardião

Introdução

Assim como nos habituamos a tomar banho, dormir, nos alimentar, trabalhar, passear, namorar, e arrumamos tempo para tudo, precisamos aprender a ter um tempo para o nosso lado espiritual. O corre-corre do cotidiano muitas vezes acaba nos afastando das coisas mais profundas e necessárias que trazem não satisfação superficial, mas sim real e verdadeira.

Dr. Wayne W. Dyer afirmou com muita sabedoria em seu livro – Sabedoria para todos os dias: *"Você não é um ser humano que está passando por uma experiência espiritual. Você é um ser espiritual que está vivenciando uma experiência humana."*

Realmente, uma afirmação sábia, profunda e verdadeira.

Sabemos que nosso físico envelhece, se acaba com o tempo. Mesmo que uma pessoa faça uma infinidade de plásticas, não há como evitar as marcas do tempo que sempre serão notadas.

O físico morre enquanto o espírito é eterno e retorna, se necessário, outras vezes, em corpos diferentes.

Deus nos deu livre-arbítrio para fazer de nossas vidas o que bem entendemos. E o que fazemos com elas, além de fortalecer o vício horrível de cobiçar aquilo que não temos? E nos esquecer de agradecer pelo que temos?

Atualmente, as pessoas vivem em função do dinheiro e esquecem que nem tudo ele pode comprar. Como as coisas mais valiosas: o respeito, a saúde, a amizade, o amor, a paz, a felicidade. Tudo isso teremos somente por meio do nosso merecimento.

A vida pode ser bela se assim você acreditar. Lembramos que tudo aqui é passageiro e nesta rápida passagem toda semente plantada dará os seus frutos e uma hora terão de ser colhidos.

Como seres espirituais vivenciando uma experiência humana, devemos aproveitar esta oportunidade de maneira construtiva e progressiva, para que possamos regressar ao nosso "habitat verdadeiro", com nossas missões plenamente, ou parte, cumpridas.

Todos nós, sem nenhuma exceção, temos direitos e obrigações. Infelizmente, a maioria das pessoas estão mais preocupadas em ter direitos do que cumprir obrigações. As obrigações morais, consigo mesmas.

É preciso que tomemos, urgentemente, consciência de que não estamos aqui por acaso, fazendo turismo. Tudo o que nos acontece e surge, inesperadamente, é para a nossa própria aprendizagem.

Todos os nossos relacionamentos fazem sentido e têm forte razão para acontecerem. Os relacionamentos mais difíceis, sejam familiares, afetivos, de amizades ou no campo profissional, são os que mais devem ser trabalhados. A nossa maior dívida se encontra onde existem maiores dificuldades para se quitar. Em momento algum devemos desperdiçar nossas oportunidades e muito menos jogar fora a vida que nos foi predestinada por escolha própria.

O tempo voa. Quando mal entramos num ano, ele já está no seu término. Agora lhe pergunto: o seu tempo é precioso? Você está sabendo usá-lo? Qual o retorno que você está recebendo pelo bom ou mau uso do seu tempo? Quando você deita a cabeça no travesseiro e repassa seus pensamentos pelos momentos do dia, do que se recorda? Faça uma reavaliação da sua vida. Se tudo estiver plenamente perfeito, parabéns! Caso sua vida esteja tumultuada, um caos, não se desespere. O tempo para torná-la bela é agora e depende exclusivamente da sua vontade. Lembre-se de que você não está só nesta jornada, ao seu lado existem seres espirituais querendo ajudá-lo.

Dê sinal verde, passe procuração, acredite, confie, tenha fé, esperança e cultive o otimismo. Insista no seu ideal de uma vida real, plena e feliz. Elimine todas as suas amarras. Não desanime perante os obstáculos, pois todos eles surgem para serem superados. Não tema nada nem a ninguém. Tudo o que é temido surge constantemente à sua frente. Não espere pela sorte. Aguarde a colheita do que plantou.

O difícil não é impossível. O impossível não existe, tudo é possível desde que se queira.

Muitos caminhos eu trilhei. Em alguns, me perdi seguindo verdades de outras pessoas que para mim não eram reais. Desviei-me do meu propósito, dei cabeçadas, aprendi, extraí lições da vida. Foram experiências dolorosas, que valeram para o meu próprio crescimento. Após esta estreita e longa caminhada me encontrei. Descobri minha verdade e achei o meu caminho.

Nesta minha peregrinação atrás de um sábio mestre que pudesse me dar, por meio de um pequeno gesto ou numa única palavra, uma chave para encontrar minha verdade, descobri que a verdade que tanto buscamos é única para cada um de nós. O que era verdadeiro para muitos não era para mim, como o que foi ou hoje é verdadeiro para mim, não foi e talvez não será para muitos. Isto é algo que cada um tem que descobrir.

Uma coisa é certa, não devemos acreditar em tudo que lemos ou ouvimos. Temos por direito e obrigação avaliar todas as novidades que surgem de formas diversas à nossa frente antes de nos envolvermos com elas.

Durante anos, andei atrás do tão esperado mestre e só ouvia: *"O mestre aparece quando o discípulo está preparado."*

Nesta busca topei com os famosos falsos mestres, instrutores picaretas e charlatães.

Inocentemente, sentia-me realizada por ter encontrado meu mestre. Mas com o passar do tempo lá vinham mais decepções. Iludida e nesta minha louca vontade de ter um mestre, caía novamente na rede dos mais espertos.

Hoje sou grata a todos que me ludibriaram. Se não fossem eles, não saberia diferenciar o mal do bem e o errado do certo.

O mestre que tanto busquei por caminhos tão tortuosos encontrava-se exatamente junto de mim. Cada pessoa tem o seu próprio mestre – o EU INTERIOR que precisa ser ouvido.

Aprenda a ouvi-lo e passe a acreditar mais neste poder que existe dentro de você. Assim você viverá melhor e independente de quem quer que seja. Isso também o ajudará a se proteger e evitará de cair nas mãos dos "charlatães de plantão".

Somente você é dono da sua vida.

Para ter bons resultados, antes de mais nada aprenda a dizer "não".

NÃO à inveja.
NÃO ao egoísmo.
NÃO à mágoa.
NÃO ao ódio.
NÃO à preguiça.
NÃO ao temor.

*NÃO à ignorância.
NÃO, NÃO e NÃO a esses monstros que
nos bloqueiam, nos amarram e nos destroem.
Diga SIM, SIM, SIM... ao amor.
Ame a si próprio.
Ame todas as pessoas com a mesma intensidade.
Plante amor e colha amor.
Plante paz e colha paz.
Plante felicidade e colha felicidade.*

Energias e Magias

Desde que o mundo é mundo, somos envoltos por energias e magias. São estas as primeiras manifestações da razão humana.

Dois temas extremamente importantes, mas que se englobam num único tema - "A Magia da energia do ser", o poder que há em nós. Assunto que pode ser um pouco assustador, mas, ao nele penetrarmos, torna-se fascinante.

Quem nunca ouviu comentários sobre as energias das pessoas? Como, "fulano tem uma energia bem pesada" ou "beltrano tem uma energia tão positiva que irradia onde quer que esteja".

Qualquer pessoa, não precisa ser "expert" no assunto para sentir a energia das pessoas, ambientes, objetos, etc. As energias estão aí, sejam elas positivas ou negativas. O que precisamos é percebê-las, já que vivemos envolvidos diariamente com elas. E principalmente, precisamos aprender a transformá-las e mantê-las sempre positivas.

Quanto à magia, logo que se ouve alguém falar sobre ela, muitos se assustam, deturpam e julgam algo pecaminoso. É preciso, antes de julgar, conhecer. Quem somos nós para julgar alguém ou algo, se estamos aqui para aprender?

A vida terrena é uma escola de aprendizado constante, onde, por mais que se aprenda, sempre haverá algo a aprender.

Então vamos caminhar conscientes de que a busca por novos conhecimentos é incessante.

Houve época em minha vida que, por ignorância própria, eu comparava magia com macumba, feitiçaria, bruxaria ou algo por aí. De fato existe a magia baixa ou negra, que é praticada para o mal. Nela o praticante interfere na vida de uma pessoa, sem respeitar o livre-arbítrio dela. Podemos citar o fato de uma mulher apaixonada e rejeitada que, desesperada, parte em busca de alguém para, por meio da magia baixa, trazer a pessoa amada para ela, sem se importar se este é o desejo da outra parte. É um enorme egoísmo, já que ela pensa somente em si e não na vontade da outra pessoa. Outro dia, lendo um livro psicografado, o autor mencionou que hoje em dia há mais

almas algemadas do que almas gêmeas, acredito.
Uma pessoa que age assim, aprisionando uma outra, jamais será feliz. Quando alguém se envolve ou tenta penetrar na vida de outra pessoa, encontrará pela frente uma situação difícil de lidar.

Para ser feliz, é preciso gerar felicidade.

Lidaremos aqui com a magia branca, trabalharemos a energia mais positiva que possuímos em nós. Acenderemos a chama da Divina Luz que há em nós. Uniremos nossas energias para praticar a magia do bem para todos os envolvidos. Quanto mais fizermos pelas pessoas, mais teremos. Quanto mais levarmos a felicidade ao nosso próximo, mais felizes seremos.

O primeiro passo é aprender a se controlar, pois se você não tiver controle das suas emoções, vontades e desejos, não terá controle de mais nada. Em hipótese alguma deixe o monstro da inveja, cobiça, ciúme, orgulho, vaidade dominá-lo. Mantenha seu coração, seu pensamento e sua energia sempre positivos.

Siga em passos largos o caminho do Mestre Jesus - *"Amai-vos uns aos outros, assim como eu vos amei."*

Este é um dos ensinamentos mais belos que Jesus nos deixou, talvez o mais profundo e verdadeiro, que resume todos os outros.

A prática do bem é muito gratificante.

Que por meio da magia branca sua energia se intensifique em prol de todos os seus semelhantes, próximos e distantes.

Acredite. A maior magia que existe é impulsionada pela energia do nosso ser.

Mantras – Palavras de Poder

Mantras ou Mantram – "palavras de poder", ao serem pronunciadas em combinações multiplicam nossas forças, despertando os poderes latentes que há em nós. Os mantras podem ser usados para promover metas pré-determinadas. Toda energia sonora tem o poder de produzir efeitos benéficos em nossos corpos – físico, mental, emocional e espiritual. Ativam a Kundalini – energia vital que nasce na base de nossa coluna vertebral e se direciona em ascensão, passando por todos os centros energéticos (chackras) de nossos corpos até o topo – o cérebro.

Sugestões para obter bons resultados

Limpeza Aúrica

Numa panela coloque:
- água (3 litros)
- alecrim
- alfazema (erva ou gotas de perfume)
- arruda
- camomila
- sal (um punhado) – sal grosso: homem – sal refinado: mulher – sal marinho: ambos os sexos.

Ferva a água, desligue o fogo e acrescente os itens acima, tampe a panela e espere ficar a uma temperatura que o seu corpo suporte.
Tome o seu banho costumeiro e, em seguida, jogue do pescoço para baixo o banho preparado para sua purificação.
Não se enxugue, deixe seu corpo secar naturalmente.
Vista uma roupa confortável, de preferência com tonalidade clara.
- Acenda 1 vela branca e ofereça ao seu anjo da guarda.
  Antes de começar o ritual, pronunciar os mantras, acenda um incenso para consagrar as palavras anunciadas oralmente, pausadamente e com tranqüilidade.

Energias e Magias

- Você pode pronunciar os mantras a qualquer hora e dia, mas se possível procure entoar os mantras às 6:00, 12:00, 15:00, 18:00 ou 21:00 horas, consideradas como apropriadas e ideais.

- Pronuncie 108 vezes durante 7 dias, de preferência no mesmo horário, o mantra para o objetivo que deseja concretizar com certa rapidez.

Para ativar a clarividência
Pronuncia-se repetidamente a letra I.

iiiiiiiiiiiiiiiiiiiiiiiiiiiiii...
iiiiiiiiiiiiiiiiiiiiiiiiiiiiii...
iiiiiiiiiiiiiiiiiiiiiiiiiiiiii...

Se possível, pronuncie por mais ou menos meia hora diária. É importante que se faça concentrado sem que se interrompa o ritual. Se fizer tranqüilamente e concentradamente no seu propósito de ativar a clarividência ao anunciar a letra I, em pouco tempo ela será despertada.

Para ativar a intuição
O sagrado OM, quando anunciado,
desperta a faculdade intuitiva.

OOOOOOOOOOOMMMMMM
OOOOOOOOOOOMMMMMM
OOOOOOOOOOOMMMMMM

Para tranqüilizar e acalmar o emocional
Pronuncia-se repetidamente e pausadamente o mantra:

Om Shanti
Om Shanti
Om Shanti

Para retirar todos os obstáculos do caminho
Pronuncia-se 108 vezes o mantra:
Om Shri Gane Chaia Namaha

Todas as orações e meditações que praticar o levará ao caminho da intuição.

Uns dos mantras mais conhecidos entre nós e com tamanha eficácia é:

"*O Senhor é meu pastor; nada me faltará*",
"*Com a ajuda de Deus hei de vencer*",
"*Sangue de Jesus tem poder*".

Muitas pessoas os repetem como uma força de hábito, sem sequer ter a noção do quanto essas frases são poderosas. Eu costumo recomendar às pessoas que estão numa fase difícil para que digam constantemente "*Com a ajuda de Deus hei de vencer*". É impressionante a mudança benéfica e favorável que ocorre na vida de uma pessoa quando ela pronuncia esta frase diversas vezes no seu dia-a-dia.

Mantras dos 72 Anjos Cabalísticos

Quando houver necessidade de agilizar alguma situação ou afastar a ação maléfica de algum ser, recite o mantra do seu anjo cabalístico.
É importante que o recite pausadamente, com profundo sentimento e muita fé.
Sempre que invocar o seu anjo cabalístico, você deve salmodiar o mantra dele, recitando o versículo do salmo.

1ª. Vehuiah: "*Quando clamo, invocando o Senhor, de Seu monte santo, o Senhor me responde.*"

2ª. Jeliel: "*Senhor, não fique longe de mim! Vem depressa me socorrer!*"

3ª. Sitael: "*Eu digo a todos: O Senhor é o meu refúgio, meu escudo protetor, Deus meu em Quem confio.*"

4ª. Elemiah: "*Eu humildemente Lhe peço: Salve-me por Tua misericórdia divina, liberta-me das amarras que me impedem de estar próximo de Ti.*"

5ª. Mahasiah: "*Pois a palavra do Senhor é reta e Suas obras seguras.*"

6ª. Lelahel: "*Canto um salmo ao Senhor, que habita em Sião. Divulgo pelos quatro cantos Seus feitos gloriosos!*"

7ª. Achaiah: "*O Senhor é bondoso e misericordioso, lento para a cólera e cheio de amor.*"

8ª. Cahethel: "*Inclinados a Sua frente, de joelhos reverenciamos o Senhor que nos criou.*"

9º. Haziel: "*A pessoa de bem recebe a Tua Bênção, tem no Senhor o seu salvador.*"

10º. Aladiah: "*Meu coração se alegra ao ver a Luz da Tua face, em Seu santo nome confio para todo o sempre.*"

11º. Laoviah: "*Por tudo isso Lhe rendo graças, canto um salmo em honra do Senhor.*"

12º. Hahaiah: "*Levanto-me perante o Senhor, com minha fé fortalecida, triunfo aos olhos de todos.*"

13º. Yesalel: "*Os céus proclamam a Sua justiça e nós contemplamos a Sua glória.*"

14º. Mebahel: "*Mas o Senhor permanece junto de mim. Consolida Teu trono para o dia do julgamento.*"

15º. Hariel: "*O Senhor é o meu baluarte, meu refúgio em tempo de perigo, meu escudo de proteção.*"

16º. Hakamiah: "*Senhor, meu Deus, minha salvação, dia e noite invoco-Vos.*"

17º. Lauviah: "*Senhor! Como é grandioso e admirado Teu santo nome por toda a Terra! Bendito é Teu nome entre nós!*"

18º. Caliel: "*Julga-nos Senhor! E faça que a justiça divina se faça presente sempre que necessário.*"

19º. Leuviah: "*Eu prometi a mim mesmo: Vou vigiar minha conduta, para não pecar por minha língua, controlar-me ao falar.*"

20º. Pahaliah: "*Senhor, livra-me dos lábios mentirosos e da língua traiçoeira!*"

21º. Nelchael: "*Em Tuas mãos está o meu destino, livra-me dos inimigos que atentam contra a minha vida.*"

22º. Ieiaiel: "*O Senhor dia e noite me vigia, o sentinela de Israel não repousa e não dorme, está sempre a minha direita.*"

23º. Melahel: "*O Senhor guarda minha entrada e minha saída, agora e sempre.*"

24º. Hahuiah: "*O Senhor cuida dos filhos que O amam e respeitam a Sua lei.*"

25º. Nith-Haiah: "*Meus adversários caíram diante de Ti, deixaram de existir em Tua presença.*"

26º. Haaih: "*Invoco-Te de coração, Senhor, atende ao meu apelo, orienta-me neste momento em que observo Teus decretos.*"

27º. Ierathel: "*Senhor, livra-me dos maldosos, defenda-me dos violentos.*"

28º. Seheiah: "*Meus lábios falam de Tua justiça, e todos os dias afirmo que Deus é minha salvação.*"

29ª. Reyel: *"Senhor, ouça a minha súplica! preste atenção às palavras que saem do meu coração, expressas por minha boca."*

30ª. Omael: *"Desde o ventre materno eu me apoio em Ti, no seio materno me amparou, o Senhor é meu benfeitor, por tantas glórias, a Ti dirijo os meus louvores."*

31ª. Lecabel: *"Relato a todos as Tuas obras maravilhosas, relembro-os de Teu amor por Suas criações."*

32ª. Vasahiah: *"Pois a palavra do Senhor é reta e Suas obras seguras."*

33ª. Iehuiah: *"Os ricos gananciosos e egoístas perderão suas riquezas e passarão fome, mas os bons, que sabem distribuir o pouco que têm, a eles nada faltará."*

34ª. Lehahiah: *"Em Teu perdão, Senhor, ponho toda a minha esperança."*

35ª. Chavakiah: *"Senhor, em nosso meio só há pessoas Lhe rendendo graças, por Teu amor e por Tua fidelidade."*

36ª. Menadel: *"Ó Deus, amo o meu Senhor! o Teu lar e tudo que criaste e deste vida."*

37ª. Aniel: *"Restaura-me, Ó Deus! Mostra-me Tua face e salva-me!"*

38ª. Haamiah: *"Afirmo em alto e bom som: O Senhor é o meu refúgio! Sinto-me protegido e confortado na morada do meu Senhor, Altíssimo."*

39ª. Rehael: *"Minha alma canta salmos anunciando minha alegria, louvo o Senhor para todo o sempre."*

40ª. Ieiazel: *"Senhor, por que está demorando a me mostrar a Tua face, por acaso está me rejeitando?"*

41ª. Hahahel: *"Senhor, livra-me dos lábios mentirosos e da língua traiçoeira!"*

42ª. Mikael: *"O Senhor me guarda de todo o mal e protege minha vida."*

43ª. Veuliah: *"Senhor, minha alma grita por Ti, todas as manhãs Lhe invoco de coração em minhas orações."*

44ª. Ielahiah: *"Senhor, ouve-me! Eu Te peço de coração, atende ao meu apelo que faço nesta oração. Ensina-me a Tua lei."*

45ª. Sealiah: *"Sempre que estou prestes a tropeçar, o Senhor me levanta por Seu amor."*

46ª. Ariel: *"Ó Deus, eu Lhe canto um novo cântico e Lhe toco a harpa de dez cordas."*

47ª. Assaliah: *"Veja a grandeza do mar, esplêndida beleza onde vivem e se movem peixes de todos os tamanhos e espécies."*

48º. Mihael: *"Lembremos de Seu amor para com Israel, até os confins da Terra presenciou a vitória do nosso Senhor."*

49º. Vehuel: *"O Senhor é grande! Merece todo o nosso louvor. Sua grandeza é incalculável."*

50º. Daniel: *"O Senhor é bondoso e misericordioso, lento para a cólera e cheio de amor."*

51º. Hahasiah: *"Basta apenas um olhar do Senhor, para que toda a Terra estremeça, e as montanhas fiquem inflamadas com apenas um toque Seu."*

52º. 5Imamiah: *"Rendo-Lhe graças Senhor! Sendo um salmista, todos os dias salmodiarei em Seu nome, Senhor, Altíssimo."*

53º. Nanael: *"Afirmo, Senhor, que Tua lei é justa."*

54º. Nithael: *"Nos céus o Senhor firmou Seu trono, e de lá majestosamente governa todo o Universo."*

55º. Mebahiah: *"Mas Tu, Senhor, permanece para sempre, de geração em geração Teu nome é lembrado."*

56º. Poiel: *"Todos esperam no Senhor, fixam seus olhares em Tua direção, e Tu lhes dá o sustento no seu devido tempo."*

57º. Nemamiah: *"A casa de Aarão, confia no Senhor! Ele é o seu socorro e seu escudo!"*

58º. Ieialel: *"Senhor, tenha piedade de mim, sinto-me fraco, sem forças para ir adiante. Por Teu amor, cure-me de todos os males que tentam me derrubar."*

59º. Harahel: *"Desde o oriente até o ocidente, louvemos o nome do Senhor!"*

60º. Mitzrael: *"O Senhor sempre está presente no lar que O invoca, está próximo de todos os filhos fiéis que de coração O invocam."*

61º. Umabel: *"Bendito é o nome do Senhor, de geração em geração!"*

62º. Iah-Hel: *"Senhor, veja o quanto amo Teus decretos, reanima-me por Teu amor."*

63º. Anauel: *"Sirvo o meu Senhor com todo o respeito, jamais O deixarei irado. Feliz eu sou por repousar e me abrigar sob o Senhor!"*

64º. Mehiel: *"O Senhor cuida dos filhos que O amam e respeitam a Sua lei."*

65º. Damabiah: *"Senhor! Jamais quero ter o castigo de não tê-Lo ao meu lado, pois sem o Senhor por perto tudo é infelicidade."*

66º. Manakel: *"Senhor, não me desampare! Ó Deus meu! Fique junto de mim!"*

67ª. Ayael: *"Coloco no Senhor todo o meu prazer, e Ele me dá tudo o que meu coração almeja."*
68ª. Habuhiah: *"Aleluia! Celebro o Senhor, porque Ele é bom, porque Seu amor por nós é eterno."*
69ª. Rochel: *"O Senhor é minha fonte inesgotável de satisfação plena."*
70ª. Yabamiah: *"No princípio, Deus criou os céus e a Terra."*
71ª. Haiaiel: *"Enquanto eles me maldizem, Tu me abençoas. Que meus inimigos fracassem em todas as tentativas maldosas contra mim. Fiquem cobertos de vergonha, vestidos pela desonra."*
72ª. Mumiah: *"O Senhor serenou a minha alma, foi bondoso para comigo."*

Mantra Sagrado do Tibete

O mantra OM MANI PADME HUM, que significa *"a jóia no coração de lótus"*, pronunciado suavemente e lentamente por cinco vezes seguidas, com os olhos fechados, abre a terceira visão.

AUM, OM ou AMÉM são palavras poderosas e célebres que possuem o mesmo sentido de confirmação e afirmação. São facilmente encontradas e expressas tanto no início como no final de uma frase e em muitas orações.

- Quando sentir que tudo na sua vida está uma bagunça total, recite diversas vezes: PAZ.
- Quando estiver se sentindo mal amado ou com dificuldade de demonstrar os seus sentimentos, recite diversas vezes: AMOR.
- Quando quiser afastar uma situação ou um sonho ruim, para que não torne a acontecer, diga repetidamente: INCONSTÂNCIA.

Alguns Exemplos de Mantras

- *TUDO FLUÍ NATURALMENTE NA MINHA VIDA.*
- *A CADA DIA ESTOU CADA VEZ MELHOR.*
- *HOJE É MEU MELHOR DIA.*
- *AMO E SOU AMADO EM TODOS OS MEUS MOMENTOS.*
- *MINHAS AMIZADES SÃO SINCERAS.*
- *MINHA SAÚDE É PERFEITA.*
- *SOU ETERNAMENTE FELIZ.*

- *MINHAS AÇÕES SEMPRE SÃO PARA O BEM DE TODOS OS ENVOLVIDOS.*
- *SOU FILHO DE DEUS PERFEITO.*
- *SOU INTELIGENTE E CAPAZ DE SOLUCIONAR RAPIDAMENTE ESTA SITUAÇÃO... (mencionar o problema).*

Seguindo os exemplos, crie o seu próprio mantra e o repita, seguidamente, para que possa sentir e vivenciar melhorias imediatas na sua vida. Lembre-se de que tudo o que você criar no seu mental é o que verá e viverá. Crie somente positividade, pois, além de melhorar a sua vida, abrirá o canal para maior aproximação do seu anjo guardião.

Você não só verá como sentirá os benefícios que os mantras realizarão na sua vida e nas das demais pessoas que estiverem por perto.

Evite palavras como: doente, pobre, infeliz, tristeza, ódio, fraco, arruinado e outras palavras que atraem o negativo.

Em momento algum diga: Eu não posso ir, eu não tenho tempo, eu não consigo, eu não sou capaz, eu não tenho saúde...

Diga, constantemente, afirmações positivas como:
- *EU SOU feliz!*
- *EU SOU amado!*
- *EU SOU próspero!*
- *EU SOU intuitivo!*
- *Eu posso fazer perfeitamente!*
- *Eu posso mudar!*
- *Eu posso expandir!*
- *Eu tenho muita inteligência!*
- *Eu tenho paz!*
- *Eu vivo em paz!*
- *Eu tenho saúde!*
- *EU TENHO ÊXITO EM TUDO QUE FAÇO!*

Afirmações

I

Anjo Guardião e Anjo ... (nome).
Solicito proteção e iluminação neste dia que se inicia.
Sei que sou ajudado divinamente pelo amor Divino.
Eu me amo, Eu me valorizo, Eu me respeito, Eu posso, Eu consigo,
Eu realizo a vontade de Deus Pai-Mãe.
Eu perdôo os erros de ... (nome da pessoa).
Como sou perdoado por ... (nome da pessoa).
Pois somos filhos de Deus Pai-Mãe perfeitos.
O amor é o elo que nos une
e juntos, com o poder que habita em nós,
irradiamos amor a todos os nossos irmãos perante Deus Pai-Mãe.
A prosperidade infinita se manifesta em mim.
O amor infinito se manifesta em mim.
Irradio Luz, paz e amor a todas as pessoas,
e de todas eu recebo com a mesma intensidade.
Todas as portas me são abertas,
EU SOU ajudado, encaminhado e iluminado
divinamente pelo amor cósmico Divino.
Amém.

II

Minha mente é fortalecida pela mente Divina
que sustenta o Universo infinito.
Minha mente está impregnada pela
mente Divina que sustenta o Universo infinito.
Eu venço todos os obstáculos com o poder
da minha mente que é mantida pela mente Divina
que sustenta o Universo infinito.
EU SOU protegido contra toda sugestão imperfeita.
Eu governo e conduzo a minha vida com perfeição.
A presença da opulência de Deus é uma constância
na minha mente, no meu lar, no meu mundo
e na minha vida.
EU SOU a presença pensante atuando

com sabedoria em todos os meus momentos.
Eu preencho meu mundo com perfeição
neste instante e por todo este dia.
Amém.

Sob a Proteção dos Arcanjos

Arcanjo Miguel

Poderoso Arcanjo Miguel,
Eu... (nome) o invoco neste momento para
que todas as energias negativas sejam afastadas
(de mim, da minha família, do meu lar,
do meu trabalho...)
pelo poder de sua Divina Luz.
São Miguel Arcanjo, Senhor da Luz!
Que sua poderosa e flamejante espada
corte todo o mal que for enviado
(a mim, à minha família, ao meu lar,
ao meu trabalho...)
São Miguel Arcanjo,
que sua proteção seja constante
por mais este dia.
Obrigado por toda a proteção.
Sob vossa poderosa Luz,
nenhum mal temerei neste dia.
Amém.

Arcanjos Rafael, Miguel, Gabriel e Uriel

Arcanjo Rafael, vossa proteção neste dia me é muito valiosa.
Arcanjo Miguel, vossa proteção neste dia me é muito valiosa.
Arcanjo Gabriel, vossa proteção neste dia me
é muito valiosa.
Arcanjo Uriel, vossa proteção neste dia me
é muito valiosa.
Obrigado Arcanjos Rafael, Miguel, Gabriel e Uriel,
por toda proteção e ajuda prestada neste alegre,
maravilhoso e esplêndido dia.
Amém.

Orações

"O ato de orar deve ser tão natural quanto o de respirar."
Angela Marcondes Jabor

Em momento algum devemos orar por obrigação ou só quando nos encontramos em situações desespe-radoras.
Jesus, nosso Mestre, nos ensinou que a oração deve ser uma constância em nossa vida.
Também nos aconselhou "Orai e vigiai"; portanto, ao orarmos devemos estender nossas orações para atitudes dignas.
De nada adianta orar e permanecer com os sentimentos e pensamentos impuros.
Toda vez que orar, as palavras devem sair do seu coração com sentimento, jamais ore mecanicamente, desta maneira serão apenas palavras soltas ao espaço.
A oração mais verdadeira e poderosa é o "Pai Nosso" que Jesus nos ensinou, mas você pode fazer outras orações desde que as faça com fé, acreditando na eficácia de cada palavra.
Os mantras, afirmações, invocações, apelos também são formas de orações.

Oração para o mês que se inicia

Anjo Conselheiro Celestial de todos os momentos,
aconselha-me durante este mês que se inicia.
Que sua sabedoria flua por meio de mim,
que eu possa em qualquer situação agir
com sabedoria,
Que todas as minhas ações sejam iluminadas
para o bem de todos com quem eu me envolver.
Amém.

Oração para a semana que se inicia

*Anjo de Infinita Sabedoria, guie os meus passos
e governe minha mente durante esta semana
que começa a despontar.
Que por estes sete dias eu receba a Luz Divina
de que tanto necessito para me manter equilibrado
ao seguir meus propósitos.
Que tranqüilamente eu leve a todas as pessoas
que encontrar a palavra que as colocará
no caminho do bem.
Amém.*

Orações para cada dia da semana

Domingo

*Anjo de Infinita Luz.
Grande guerreiro que combate as trevas.
Que corta o mal com sua poderosa e
flamejante espada.
Envie-me o fogo purificador e regenerador.
Limpe-me de todas as impurezas.
Purifique todo o meu coração.
Restaure, equilibre e harmonize todo o meu ser
mental e espiritual.
Proteja-me para que eu não seja atingido
pelas maldades
dos meus inimigos declarados ou ocultos.
Em ti confio e entrego-me para que me guia
e me proteja
por toda a minha caminhada terrena.
Amém.*

Segunda-Feira

*Anjo Mensageiro.
Que por seu intermédio eu obtenha sempre
boas notícias.
Promova em todos os meus contatos paz e harmonia.
Que todas as mensagens recebidas*

ou transmitidas sejam
para o bem de todos os envolvidos.
Ilumine-me, dê-me inteligência para comunicar e promover
mudanças benéficas, favoráveis a mim
e a todos que me envolver.
Que toda a Luz recebida no percurso deste mês
eu possa duplicar
e com paz na minha mente, serenidade em meu
coração e sorriso nos lábios
eu transmita felicidade a todos que eu encontrar.
Amém.

Terça-Feira

Anjo da Energia Divina.
Dê-me força e coragem para seguir em frente.
Que os períodos de fraqueza sejam combatidos
com firmeza e determinação.
Que eu aja sempre de acordo com a lei divina e que em momento
algum eu seja atingido pelas injustiças das pessoas que ainda se
encontram adormecidas.
Amém.

Quarta-Feira

Anjo da Cura.
Cure-me de todos os males que impedem
a minha trajetória
terrena e ascensão espiritual.
Ó anjo Divino, me ilumine para que eu possa
com a sua proteção
eliminar todo o mal que atrapalha
a minha caminhada nesta minha existência terrena.
Dê-me força e saúde para persistir com infinita
vontade na prática de boas obras.
Amém.

Quinta-Feira

Anjo da Justiça Divina, dê-me inspirações
para transmitir
aos meus irmãos, por meio das palavras escritas

ou faladas, todo o ensinamento que eu receber.
Que todo conhecimento que eu adquirir
por sua influência me faça crescer dia após dia.
Que minha sabedoria seja eterna
e eu a aproveite infinitamente
a favor dos meus semelhantes.
Amém.

Sexta-Feira

Anjo do Amor.
Que minhas emoções sejam equilibradas,
a harmonia mantida em mim e na minha vida,
que meu coração seja a morada permanente
do sentimento do amor.
Que o amor seja infinitamente a força
que me sustenta e
me mantém unido a todas as pessoas.
Que meu alicerce seja baseado no amor infinito.
Em cada amanhecer eu seja preenchido
pelos raios da sua chama.
Permita-me espalhar por onde eu andar
seu ensinamento e que todos os que, através de mim, compreenderem o sentimento de amor,
o levem adiante a todos os outros que encontrarem.
Amém.

Sábado

Anjo de Infinita Luz.
Grande guerreiro que combate as trevas.
Que corta o mal com sua espada poderosa
e flamejante.
Envie-me fogo purificador e regenerador.
Limpe-me de toda impureza. Purifique o meu coração.
Restaure, equilibre e harmonize todo o meu corpo
mental e espiritual.
Proteja-me para que eu não seja atingido
pelas maldades
de meus inimigos conscientes ou inconscientes,
encarnados ou desencarnados, declarados ou ocultos.

Angela Marcondes Jabor

*Em ti confio e entrego-me para me guiar
e me proteger
por toda minha caminhada terrena.
Amém.*

Energias e Magias

A Força Poderosa dos Salmos

Hoje, está mais que provada e comprovada a força poderosa dos salmos em nossas vidas, quando recitados em voz alta e ritmada, por certos dias. É realmente incomparável a influência benéfica que ocorre em nós e em nossas vidas.

O aumento do número de pessoas voltadas para a busca de melhorias em suas vidas por meio da recitação dos salmos é, indiscutivelmente, progressivo.

Acho interessante o que ocorre com as pessoas. Sugiro para recitarem, por um período de 7 dias, determinado salmo, que varia de acordo com a necessidade de cada um. Para cada situação, há entre os 150 salmos um específico. Já houve casos em que fui reencontrar as pessoas tempos depois. E, geralmente, pergunto-lhes se conseguiram resolver o problema que tanto as afligia. Algumas dizem que sim, graças ao salmo. Outras não só afirmam, como dizem que recitam o salmo que recomendei até a atual data, por gostarem muito dele.

É muito gratificante saber que pelo pequeno gesto de uma orientação podem se obter bons resultados que vêm favorecendo uma infinidade de pessoas e, com isto, ampliando o "grupo dos salmistas". Pessoas de todas as raças, cores ou credos vêm aderindo à leitura dos salmos e obtendo melhorias em todos o aspectos de suas vidas.

Em certa ocasião, uma pessoa me disse que, ao recitar o salmo, tudo na sua vida piorou. Achei incrível. Após fazer milhões de perguntas a ela, cheguei à seguinte conclusão: Todos nós temos a consciência de que, para fazer uma reforma numa casa, temos que demolir algumas paredes para que possamos levantar outras. Para se fazer uma faxina em casa, primeiro colocamos tudo de "pernas pro ar". Jogamos fora o que não nos tem mais utilidade para então organizar e limpar. O mesmo ocorre em nossas vidas.

No caso desta pessoa, além da reforma e faxina íntima, havia o famoso "anjo contrário" – força contrária, que não queria que ela seguisse o caminho do bem.

Para o anjo contrário, a vida dela estava ótima, mesmo que num caos total. Afinal, desta forma é que havia possibilidade de lhe sugar toda a energia. Com o propósito de continuidade, revirou-lhe a vida de ponta-cabeça para que houvesse imediatamente a desistência. E foi o que ocorreu. Desistiu logo da leitura do salmo, cedeu ao capricho e à força dominadora do anjo contrário.

Por isso eu lhe digo, nunca desista. Mesmo que venha a lhe acontecer uma situação idêntica, siga em frente. O tumulto que o anjo contrário provocar será passageiro, se você for forte e persistir com fé, não cedendo às forças dele.

O anjo contrário só age onde encontra espaço e fraqueza. Se você se fortalecer interiormente, ele não terá forças para agir e logo desistirá. Partirá em busca de alguém mais fraco, a quem possa dominar e infernizar.

Use e abuse dos salmos, leia-os, recite-os, grave em sua mente alguns versículos que lhe agradam e repita-os diariamente.

Com o tempo você notará o poder que há nos salmos e o que a leitura deles trará de melhorias para a sua vida.

O Salmo Nosso de Cada Dia

Salmo 23

Elimina a impureza dos pensamentos e sentimentos. Excelente para proteção e conciliação das pessoas.

1. *Salmo de Davi.* O Senhor é meu pastor, nada me falta, nem faltará.
2. Em verdes campos me faz repousar, me conduz por águas tranqüilas
3. E reanima minha alma. Guia-me pelos caminhos da justiça. "Honro Teu nome e Teu amor por mim."
4. Mesmo que eu ande por um vale de sombra, não temo mal algum, pois bem sei que ao meu lado está o Senhor. Teu bastão e Teu cajado me confortam. Estou sob Tua forte e poderosa proteção.
5. Na presença dos meus adversários, prepara-me uma linda e abundante mesa para minha tranqüila refeição, unge minha cabeça com óleo perfumado, minha taça transborda de tanta satisfação.
6. Com Teu amor, prospero sempre! EU SOU eternamente grato ao Senhor, que me é fiel, me acompanha e sempre me acompanhará por todos os dias de minha vida. Habito na casa do Senhor, desde longa data para todo o sempre.

Salmo 27

Para ser bem recebido onde quer que você vá.

1. *Salmo de Davi.* Não temo nada nem a ninguém, pois o Senhor é a minha Luz, é a minha salvação! É o escudo que me protege.
2. Os malfeitores, os adversários e os inimigos nunca conseguem me atingir, pois sempre tropeçam em suas maldades e caem em suas próprias armadilhas.
3. Se um exército de perversos se armar contra mim, o Senhor me envia Seu exército de anjos para me defender.

4. Por muito tempo Lhe peço, e o Senhor atende ao meu pedido: que eu possa merecer a Tua proteção, meditar em Teu templo e por toda a minha vida contemplar Tua beleza.
5. O Senhor me dá abrigo, me protege a cada dia de minha vida, fortalece minha alma, com a Luz da Tua face.
6. Ilumina e firma os meus pensamentos, coloca ao meu redor um círculo protetor luminoso, minha defesa contra os inimigos. Feliz eu canto salmos em louvor ao Senhor.
7. Senhor, escuta o meu grito por socorro! Que Sua misericórdia desça sobre mim, Sua atenção se dê ao meu apelo.
8. Onde quer que eu esteja, estou sempre buscando a Luz da Tua face, de Tuas palavras me lembro, e por elas vou ao Teu encontro.
9. O Senhor é a minha salvação! É quem me socorre nos momentos de duras provações, ó Senhor, não me abandone! Mostre-me a Luz de Tua face, que tanto alivia e ilumina minha alma.
10. Mesmo abandonado por todos, o Senhor jamais me abandona, pois Seu amor aos Seus filhos não tem limite, é eterno para todo o sempre.
11. O Senhor me ampara, mostra-me o Teu caminho e me guia por Tua palavra.
12. Senhor, não me deixe cair em desagrado, muito menos nas tentações, livra-me da sede dos meus adversários, que contra mim levantam falsos testemunhos, com intenção de me fazer voltar para a violência.
13. Confio no Senhor, minha fé em Ti é inabalável, pois são numerosos os benefícios recebidos, tanto por mim, como por todos que confiam no Senhor. Meus olhos presenciam as maravilhas de Tuas obras.
14. Minha coragem aumenta no Senhor, por toda minha peregrinação terrena, espero confiante pela palavra do Senhor.

Salmo 30

Abre os caminhos, eliminando o famoso "olho gordo", inveja.

1. Salmo de Davi. Canto para dedicação do templo.
2. Eu Te celebro, Senhor, porque Tu me livraste das mãos dos inimigos, não permitindo que eles se alegrassem à minha custa.
3. Ó Senhor rápido foi o Teu socorro a mim, pois mal terminei o meu apelo e o Senhor me curou.

4. *Elevou minha alma da inferioridade, devolveu-me a vida digna, livrou-me da caída ao abismo.*
5. *Canto salmo ao Senhor, sou fiel à Tua lei, jamais me esqueço da Tua palavra.*
6. *Por todos os meus erros, o Senhor me perdoou, Sua benevolência é eterna. Durante a noite, chorando, supliquei ao Senhor, pela manhã, meu coração explodia de alegria, o Senhor mostrou-me a Luz da Sua face.*
7. *Meu coração está tranqüilo, jamais tornará a oscilar, pois o Senhor o fortaleceu, e agora afirmo: "Não sou mais abalado em tempo algum, a toda maldade sou inabalável."*
8. *Por Tua palavra, Senhor, tornei-me forte como uma montanha, mas se me esconder novamente Tua face ficarei perturbado.*
9. *A Ti, ó Senhor, eu clamo, suplico dizendo:*
10. *De que me servirá esta existência, se eu não souber ouvir a Tua palavra e seguir Teus mandamentos?*
11. *Senhor, ouve, vem depressa em meu socorro!*
12. *O Senhor converteu minhas lágrimas em risos, devolveu-me a alegria.*
13. *Minha alma canta salmos anunciando minha alegria, louvo o Senhor para todo o sempre.*

Salmo 70

Livra-nos das perseguições injustas de inimigos ocultos.

1. *De Davi. Salmo para a comemoração.*
2. *Ó Deus! vem depressa me libertar! Apressa-Te em socorrer-me.*
3. *Que todos que procuram tirar meu sossego fiquem confusos e envergonhados. Recuem cobertos de vergonha, os que usam seu tempo precioso, para semearem sua própria desgraça.*
4. *Que, envergonhados por suas próprias desonras, eles não tenham forças para me encarar e dizerem: "Ah! ah! Bem feito, te derrubamos."*
5. *Estou alegre, porque o Senhor me socorreu no momento que desesperado O invoquei. Ó Deus, como é grande o Teu amor pelos que Te buscam! Nossa salvação está em Ti. Por isso não me canso de dizer: "Seja Deus magnificado!"*
6. *Quanto a mim, um pobre e humilhado, Ó Deus, apressa-Te em socorrer-me! Tu és meu auxílio e libertador! Senhor, não demores!*

Salmo 90

Forte proteção contra todos os perigos.
Combate as insônias e os pesadelos.

1. Oração de Moisés, homem de Deus. O Senhor é nosso abrigo, de geração em geração.
2. Antes das montanhas serem criadas, e se formar a Terra e todo o mundo, desde a eternidade, o Senhor é nosso Deus.
3. Faz o homem voltar ao pó, dizendo: "Retornai, filhos de Adão."
4. A Teus olhos, mil anos são como ontem, um dia que se vai, como uma hora da noite.
5. Tu os semeias ano por ano, como a erva que se renova:
6. de manhã, ela floresce, passa a noite, murcha, fica seca.
7. Sim, consome o mal em Tua cólera, apavora os maldosos com Teu furor.
8. Nossas faltas foram expostas à Tua presença, nossos segredos na luminosidade da Tua face.
9. Nossos dias se apagam, quando não O temos junto de nós; somente sob Tua proteção por muitos anos suspiramos.
10. Em média uma pessoa vive até setenta anos, mas a duração em cada existência depende de nossos atos. Uma vida passa rápido, temos que aproveitar a oportunidade.
11. Quem conhece o Senhor sabe que a Seu lado a peregrinação por uma vida terrena se torna mais leve, mais fácil de ser vivida.
12. Ensina-me Senhor a agir com a sabedoria do coração, para que eu possa melhor cumprir minha missão.
13. Senhor! Volta-te para mim, reconsidera o meu apelo.
14. Logo ao amanhecer, cantarei salmos com profunda alegria, por ter sido saciado com Tua fidelidade.
15. Senhor! Jamais quero ter o castigo de não tê-Lo ao meu lado, pois sem o Senhor por perto tudo é infelicidade.
16. Que todos possam vê-Lo e senti-Lo, o Senhor é grandioso aos Teus filhos.
17. Que o amor do Senhor, nosso Deus, esteja sobre nós, espíritos vivenciando esta experiência humana. Senhor, consolide a Tua obra através de nós, sim, que nossas mãos sejam abençoadas e que todos unidos possamos firmar o bem como nosso alicerce, nossos corações conservem a Tua obra e Tua lei para todo o sempre.

Salmo 91

Para resolver imediatamente qualquer tipo de problema e traz proteção ao lar.

1. O Senhor habita sobre a proteção do Altíssimo, descansa à sombra do Onipotente.
2. Eu digo a todos: "O Senhor é o meu refúgio, meu escudo protetor, Deus meu em Quem confio."
3. O Senhor me livra do laço do caçador, da doença contagiosa, de todos os perigos.
4. De Suas asas faz o meu abrigo, de Suas plumas meu escudo, onde me refugio.
5. Não temo o terror da noite, nem a flecha que voa durante o dia, em pleno sol,
6. Nem a epidemia que ronda no escuro, nem a peste que devasta ao meio dia.
7. Mesmo que caiam mil ao meu lado, dez mil à minha direita, eu não serei atingido.
8. Com meus próprios olhos vejo que todos que seguiram direção oposta ao meu Senhor buscaram suas recompensas pelo sofrimento que causaram ao seu próximo, foram castigados pelo retorno de suas ações.
9. Afirmo em alto e bom som: "O Senhor é o meu refúgio!" Sinto-me protegido e confortado na morada do meu Senhor, Altíssimo.
10. Nenhum mal me atinge, desgraça alguma chega à minha família, desarmonia não há em meu lar,
11. Pois o Senhor encarregou Seus anjos de me guardarem em todos os caminhos.
12. Eles me carregam em suas asas, para que eu não tropece em pedra alguma.
13. Estou sobre o leão e a víbora, o tigre e o dragão, eles jamais me pegarão, pois estou a salvo com a proteção dos anjos do meu Senhor.
14. "Aquele que crê em mim eu o liberto e o protejo, pois conhece meu nome."
15. "Se me chamar, será atendido, estarei junto a ti, o livrarei das suas aflições, nos momentos mais difíceis lhe darei a salvação,
16. hei de saciá-lo, prolongarei a sua vida, mostrando-lhe a salvação."

Salmo 120

Elimina o medo e ajuda a pessoa a prosperar rapidamente.

1. *Cântico de peregrinação. Em minha aflição, chamei pelo meu Senhor, e Ele me respondeu.*
2. *Senhor, livra-me dos lábios mentirosos e da língua traiçoeira!*
3. *As pessoas que usam suas línguas para maldizerem nada podem esperar do meu Senhor, pois Ele não aprova o uso indevido da palavra contra as pessoas de bem, nem a nada que existe e possui vida.*
4. *Palavras mal usadas são como flechas agudas, bem afiadas, que quando atiradas contra o alvo ferem e às vezes matam.*
5. *Meu Deus, assim como o pobre infeliz que viveu em Mosoc permaneceu nas tendas de Cedar, sinto-me este coitado, tendo de viver num lugar onde a maioria das pessoas perdem seu precioso tempo com coisas pequeninas.*
6. *Há muito que tento modificar estas atitudes que nos diminuem, mas a mudança depende exclusivamente de cada um de nós, enquanto a vontade não surge, permaneço entre os que odeiam a paz.*
7. *Se falo de paz, sou zombado, se peço pela paz encontro pessoas armando a guerra. Somente ao Seu lado, Senhor, vivo em paz.*

A Magia dos Salmos

Livrar-se das tentações

Três vezes ao dia, às 6:00, 12:00 e 18:00 h, segure em suas mãos um cálice com azeite de oliva e recite o salmo 32. Isto deve ser feito por 7 dias ininterruptos. Caso esqueça um dia, comece novamente.

Saúde e boa vitalidade

Aos domingos à 8:00 h acenda um incenso e recite o salmo 60.

Felicidade nas relações afetiva e familiar

Numa sexta-feira que esteja sob o poder da lua nova ou crescente, alimente-se com muitas frutas, em especial maçãs. Ingira bastante líquidos, principalmente chá de melissa. Evite comer carnes vermelhas.

Tome o seu banho normal e depois jogue do pescoço para baixo o banho de rosas:

Ferva 3 litros de água, desligue o fogo e acrescente somente as pétalas de 3 rosas cor de rosa. Tampe a panela e deixe esfriar.

As pétalas que caírem devem ser recolhidas e colocadas num jardim. A água deve servir para regar alguma planta de sua casa (por esta razão fique em pé dentro de uma bacia).

Deixe o seu corpo secar naturalmente e em seguida vista-se com roupas claras. Dê preferência para as cores: rosa, azul, branca ou verde.

Acenda uma vela cor de rosa e recite em voz alta os salmos 137 e 143. Deixe a vela queimar até o fim, depois enterre a sobra da vela no mesmo vaso que foi regado com a água de seu banho.

Não se esqueça de pedir permissão e proteção ao "Elemental da terra" para a realização do seu desejo.

Harmonização dos Chackras

Os chackras são centros específicos de energia, localizados em diferentes pontos ao longo da coluna vertebral. Quando estes pontos estão energeticamente equilibrados e harmonizados tudo corre e ocorre plenamente em nossas vidas. Dos 72.000 pontos energéticos que há em nosso corpo, 7 se destacam como os mais conhecidos e importantes.

Atualmente, nesta era em que os anjos estão cada dia mais presentes em nossas vidas para nos ajudar a ter mais paz interior, amor e harmonia com o todo, um oitavo chackra vem se revelando a nós. É o "chackra do Timo", que se localiza entre os chackras do coração e da garganta. Tem a função de reforçar o nosso sistema imunológico.

Os Chackras Principais

Raiz

Cor: Vermelho / Preto
Pedras: Jaspe Vermelho / Turmalina Negra
Florais: Tansy / Cayenne / Clematis
Alimentação: Baseada em raízes. – Quando se estiver trabalhando este chackra para equilibrá-lo, deve-se evitar fumar, beber qualquer tipo de bebida alcoólica, consumir açúcar branco e carne vermelha.
Mantra: LAM
Localizado na base da coluna vertebral (órgãos genitais), quando equilibrado fortalece a segurança, a confiança e ativa a capacidade para ser bem-sucedido. Elimina a depressão, o medo e a agressividade.

Sexual

Cor: Laranja
Pedra: Ágata laranja
Florais: Basil / Fuchsia / Calla Lily
Alimentação: Baseada em verduras e legumes. – Por se tratar do chackra sexual, é indicado que se consuma muitas cenouras, em sucos ou saladas (cruas ou cozidas) como bem você desejar, principalmente se sua sexualidade estiver em baixa.
Mantra: VAM
Localizado aproximadamente 5 centímetros abaixo do umbigo (órgãos sexuais reprodutores – cavidade pélvica), quando equilibrado aumenta a energia, a vitalidade sexual e a capacidade de fazer e manter as amizades. Tem a função de purificar e limpar o emocional quando estiver tumultuado. Elimina a timidez, a inibição e a depressão.
Neste chackra não se deve colocar em hipótese alguma a cor amarela, pois, segundo as informações, pode causar a impotência sexual.

Plexo Solar

Cor: Amarela
Pedra: Citrino ou Topázio
Florais: Borage / Yarrow
Alimentação: Aderir ao arroz integral e comer bastante frutas
Mantra: RAM
Localizado na região do plexo solar (cavidade abdominal). Quando equilibrado, aumenta a energia, a força de vontade, o poder para as realizações. É o chackra que atrai a prosperidade.

Coração

Cor: Rosa
Pedras: Turmalina Rosa / Quartzo Rosa
Florais: Aloe Vera / Holly / Willow / Yerba Santa
Alimentação: Ingerir bastante líquido e evitar carnes vermelhas. Acrescente mel em suas refeições ao invés de açúcar branco.

Mantra: YAM
Localizado no centro do peito (cavidade torácica, entre o coração, as costelas e os pulmões), equilibra todos os chackras. Quando equilibrado desenvolve e fortalece o sentimento de amor e facilita o ato de perdoar. Libera os traumas e aumenta a auto-estima.

Timo

Cor: Verde
Pedra: Quartzo Verde
floral: Chamomile
Alimentação: Evitar carnes vermelhas
Localizado na parte superior do peito, tem a função de produzir paz interior e favorece a tranqüilidade.

Garganta

Cor: Azul
Pedra: Água-marinha
Florais: Trumpet Vine / Larch / Mimulus / Violet
Alimentação: Comer bastante verduras
Mantra: HAM
Localizado na garganta. Quando equilibrado facilita a comunicação verbal e a expressão dos sentimentos profundos. Se este chackra não estiver equilibrado a pessoa tende a sofrer resfriados crônicos, dores de garganta, torcicolos, problemas auditivos e dificuldades para se expressar.

3º Olho

Cor: Índigo
Pedra: Sodalita
Florais: Íris / Indian Paintbrush / Blackberry
Alimentação: Baseada em frutas, verduras e legumes.
Mantra: OM ou AUM
Localiza-se no centro da testa, entre as sobrancelhas, acima dos olhos. Quando se encontra desequilibrado causa dores de cabeça constantes, pesadelos, problemas de visão e depressão.
Quando equilibrado cura todos os problemas e abre-se o canal da intuição e beneficia a clareza mental.

Coroa

Cor: Todas as cores do Arco-Íris
Pedra: Cristal transparente
Florais: Star Tulip / Sage / Lótus
Alimentação: Baseada em alimentos naturais, frutas, legumes e verduras; evitar carnes vermelhas, açúcar branco, frituras, bebidas alcoólicas e fumo. Fazer exercícios respiratórios e meditações.
Mantra: OM
Localizado no topo da cabeça (moleira). Quando perfeitamente equilibrado toma-se a consciência cósmica, amplia o grau de espiritualidade e fortalece a proteção contra forças negativas. É o chackra da iluminação.

OBSERVAÇÕES:

- Os problemas financeiros podem ser solucionados, limpando, equilibrando, energizando e harmonizando os chackras da raiz com o plexo solar.

- Mantras, meditações, visualizações das cores indicadas e a colocação das pedras mencionadas nos devidos chackras ajudam a restaurar o equilíbrio da raiz e do plexo solar.

- Uma das formas para verificar se os chackras estão equilibrados é usar o pêndulo:

    Coloca-se o pêndulo próximo ao chackra; se ele virar no sentido horário, indica que está aberto; se girar no sentido contrário, é um aviso que o determinado chackra precisa ser equilibrado. Como? Usando as cores indicadas na região, alimentando-se adequadamente conforme as sugestões, fazendo o mantra que equilibra e ativa o chackra ou colocando a pedra mencionada (limpa e energizada) no local indicado.

- Caso todos os chackras estejam completamente fechados e desequilibrados, a energia não flui. Para equilibrar e ativar a energia dos chackras, você pode se tratar com o floral da emergência, o "Rescue" (elaborado em farmácia de manipulação).

Florais

"A ação destes remédios é a de elevar nossas vibrações e abrir nossos canais para o Eu Espiritual; de inundar nossa natureza com a virtude particular de que necessitamos e remover de nós a imperfeição que causa dano. Eles têm a propriedade, tal como uma bela música ou qualquer elemento glorioso de enaltecimento que nos proporciona inspiração, de elevar a nossa natureza, levando-nos a uma proximidade maior com nossas almas e, por esse movimento, trazer-nos paz e aliviar nossos sofrimentos.

Eles curam, não combatendo a doença, mas inundando nosso corpo com as sublimes vibrações de Natureza Superior, em cuja presença a enfermidade se dissolve como a neve à luz do sol."

Edward Bach

Além dos florais de Bach, os florais californianos também se fazem presentes em minhas sugestões, pois são tão bons e eficazes quanto os de Bach.

Tanto um quanto o outro são formulados com substâncias extraídas de flores. Portanto, qualquer pessoa pode se tratar com os florais. Não existe contra-indicações e não causam efeitos colaterais.

Os florais foram reconhecidos pela Organização Mundial de Saúde como excelentes auxiliares nas curas, física, mental e emocional. Eles atuam, exatamente, onde há desequilíbrio ou lesão na aura de uma pessoa. Restauram, harmonizam e curam os pontos lesados.

Se uma pessoa se encontra em estado plenamente harmonizado, naturalmente ela se encontra em harmonia com o Todo, ou seja, quando o seu interior estiver equilibrado, conseqüentemente, seu exterior vibrará no mesmo estágio.

Os florais são preparados em qualquer farmácia de manipulação. A elaboração de sua fórmula não deve ultrapassar 6 essências.

A dosagem recomendada é de 4 gotas, embaixo da língua, 4 vezes ao dia.
Em caso de necessidade, você pode aumentar a ingestão dos florais. Ao invés de 4 vezes ao dia, você pode pingá-lo 6 vezes ou mais, ao dia. Fica a seu critério.
Quanto ao fato de aumentar a dosagem de 4 gotas para mais, em nada aumentará sua eficácia.

OBSERVAÇÕES:

a) Você pode combinar 6 essências, simultaneamente, sem se preocupar. Mas nunca deve ultrapassar este número.
b) Tanto pode pingar 4 gotas num copo d'água e beber, quanto pingar 4 gotas diretamente, embaixo da língua. O último método é o melhor. Se possível, deixar um pouco na boca, antes de engolir. Evite ingerir ou comer outra coisa, logo a seguir.
c) O ideal é prosseguir com a ingestão do floral, pelo prazo de 4 semanas, até 4 meses, se houver necessidade.
d) Seu estado é que indicará se o tratamento deve ser a curto prazo ou prolongado.
e) Geralmente, curto prazo é quando os sintomas surgiram agora ou estão ocorrendo ultimamente com você. O tratamento prolongado é indicado para quando o sintoma é uma atitude típica sua.

Tipos de Dosagens

Situação Normal

4 gotas 4 vezes ao dia:
- de manhã, quando se levanta
- antes do almoço
- à tarde, antes do jantar
- antes de dormir (de preferência com o estômago vazio)

Situação Aguda

- 4 gotas de 30 em 30 minutos ou
- 4 gotas de 10 em 10 minutos

Outras Alternativas

- 4 gotas de hora em hora
- 4 gotas a cada 2 horas
- 4 gotas a cada 4 horas ou
- 4 gotas num copo d'água de hora em hora

Você também pode usar os florais em:

compressas: 6 gotas em ½ litro de água
banhos: 10 gotas em 1 litro de água
borrifar ambientes: 10 gotas em 1 litro de água

Resumo das finalidades terapêuticas de algun florais de Bach e Californianos:

Agrimony: Bach
Finalidade: eliminar ansiedade, tensão, angústia, medo e insônia.
Concede: calma, alegria, coragem, bom sono.

Aloe Vera: Californiano
Finalidade: eliminar exaustão e fadiga.
Concede: restauração da energia, vitalidade e criatividade.

Angélica: Californiano
Finalidade: eliminar tensão emocional, envelhecimento precoce, energias negativas.
Concede: eliminar doenças psicossomáticas, vícios, choques e traumas.

Arnica: Californiano
Finalidade: eliminar doenças psicossomáticas, vícios, choques e traumas.
Concede: restauração da energia física, mental e emocional.

Aspen: Californiano
Finalidade: eliminar ansiedade, medo do desconhecido, insônia e insegurança.
Concede: coragem e bom sono.

Basil: Californiano
Finalidade: eliminar conflitos sexuais e emocionais numa relação.
Concede: integração sexual e emocional na relação.

Beech: Bach
Finalidade: eliminar complexos, insatisfação, pessimismo, raiva e críticas constantes.
Concede: humildade, solidariedade, perdão, tolerância, boas idéias e otimismo.

Blackberry: Californiano
Finalidade: eliminar a inércia.
Concede: ação, decisão, motivação e criatividade.

Bleending Heart: Californiano
Finalidade: eliminar apego, egoísmo e possessividade.
Concede: desapego, liberdade e aceitação.

Borage: Californiano
Finalidade: eliminar depressão, desespero, desencoraja-mento.
Concede: alegria, animação e coragem.

Buttercup: Californiano
Finalidade: eliminar alienação, timidez, dúvida, descontentamento.
Concede: direção de vida, criatividade, sociabilidade, segurança e auto-estima elevada.

Calêndula: Californiano
Finalidade: eliminar conflito interno, desentendimento, intolerância.
Concede: paciência, receptividade, tranqüilidade.

Califórnia Wild Rose: Californiano
Finalidade: eliminar apatia, pessimismo, depressão, alienação.
Concede: entusiasmo, motivação, força de vontade e rejuvenescimento.

Calla Lily: Californiano
Finalidade: eliminar falsa identidade sexual.
Concede: equilíbrio entre o masculino e feminino.

Cayenne: Californiano
Finalidade: eliminar inércia, padrões de hábitos negativos e imobilização.
Concede: ação, decisão, motivação, entusiasmo, mudança rápida.

Centaury: Bach
Finalidade: eliminar auto-anulação, vergonha, dependência de opiniões.
Concede: calma, liberdade, força de vontade, individualidade.

Cerato: Bach
Finalidade: eliminar dúvida, indecisão, hesitação.
Concede: segurança, confiança e decisão.

Chamomile: Californiano
Finalidade: eliminar ansiedade, histeria, insônia, nervosismo, raiva, "stress", tensão.
Concede: calma, tranqüilidade, bom senso, temperamento sereno.

Cherry Plum: Bach
Finalidade: eliminar obsessão, tensão, tristeza, agressividade e medo.
Concede: tranqüilidade, confiança, calma, coragem e fé.

Chestnut Bud: Bach
Finalidade: eliminar lentidão, esquecimento, apatia, cansaço, distração, retardo mental.
Concede: boa memória, facilidade para aprender, atenção e paciência.

Chicory: Bach
Finalidade: eliminar dependência, possessividade, carência, ciúme e nervosismo.
Concede: liberdade nas relações, calma, bom humor e vitalidade.

Clematis: Bach
Finalidade: eliminar distração, saudade, apatia, tontura e introversão.
Concede: atenção, criatividade, concentração, calma e positivismo.

Crab Aplle: Bach
Finalidade: eliminar tristeza, remorso, dúvida, perfeccionismo e energias negativas.
Concede: limpeza e purificação.

Elm: Bach
Finalidade: eliminar "stress", insegurança, ansiedade, pânico, tensão, covardia e fadiga.
Concede: força para seguir em frente, confiança e otimismo.

Fuchsia: Californiano
Finalidade: eliminar dificuldade de se relacionar com a sexualidade e raiva.
Concede: harmonia, aceitação, honestidade com si próprio.

Garlic: Californiano
Finalidade: eliminar ansiedade, desvitalização, insegurança, medo de público.
Concede: calma, segurança, coragem e proteção.

Gentian: Bach
Finalidade: eliminar covardia, pessimismo, dúvida, tristeza e ansiedade.
Concede: confiança, coragem, fé, vitalidade e otimismo.

Gorse: Bach
Finalidade: eliminar apatia, medo, indecisão, abatimento, mal humor.
Concede: motivação, bom humor, novas esperanças e coragem.

Hearth: Bach
Finalidade: eliminar carência, choro, possessividade, solidão, egoísmo e obsessão.
Concede: auto-expressão, força, calma, solidariedade e bons relacionamentos.

Holly: Bach
Finalidade: eliminar ciúme doentio, insegurança, inveja, raiva, ódio e ressentimento.
Concede: liberdade, amor, confiança, desapego, facilidade para perdoar.

Honeysuckle: Bach
Finalidade: eliminar nostalgia, saudade, apatia, melancolia, sentimento de culpa.
Concede: liberdade, poder de concentração, otimismo e alegria.

Hornbeam: Bach
Finalidade: eliminar exaustão, fadiga, preguiça, apatia, insatisfação.

Concede: vigor, boa disposição, resistência física, ação.

Impatiens: Bach
Finalidade: eliminar agressividade, impaciência, frustração, inquietação.
Concede: bom humor, paciência, compreensão e calma.

Indian Paintbrush: Californiano
Finalidade: eliminar frustração e dificuldade para trabalhos criativos intensos.
Concede: criatividade, rejuvenescimento e vitalidade.

Íris: Californiano
Finalidade: eliminar momentos sem inspirações.
Concede: criatividade e inspiração.

Larch: Californiano
Finalidade: eliminar complexo de inferioridade, timidez, ansiedade e expectativa.
Concede: calma, direção de vida, segurança, perseverança e fé.

Larkspur: Californiano
Finalidade: eliminar agressividade, ambição excessiva e martírio.
Concede: alegria, carisma, animação e entusiasmo.

Lavender: Californiano
Finalidade: eliminar agitação nervosa, inquietação, vício e dores de cabeça.
Concede: tranqüilidade de espírito.

Lótus: Californiano
Finalidade: sintetizador dos outros florais.
Concede: funciona como tônico.

Madia: Californiano
Finalidade: eliminar desorientação, dispersão e distração.
Concede: clareza mental e concentração, habilidade para seguir adiante.

Mallow: Californiano
Finalidade: eliminar alienação, insegurança e timidez.
Concede: afetividade nas amizades, segurança e confiança.

Mariposa Lily: Californiano
Finalidade: eliminar traumas passados como parto prematuro, divórcio dos pais.
Concede: receptividade e confiança nas relações, principalmente com a mãe.

Mimulus: Bach
Finalidade: eliminar ansiedade, timidez, insegurança, nervosismo e tensão.
Concede: calma, bom humor, extroversão e coragem.

Mustard: Bach
Finalidade: eliminar melancolia, depressão, apatia e retardo mental.
Concede: rapidez mental, alegria, otimismo e novas esperanças.

Olive: Bach
Finalidade: eliminar exaustão e fadiga.
Concede: renovação das energias e relaxamento.

Pine: Bach
Finalidade: eliminar masoquismo, perfeccionismo, ódio, sentimento de culpa.
Concede: amor ao próximo, humildade, generosidade, capacidade para perdoar.

Pomegranate: Californiano
Finalidade: eliminar dificuldade de se decidir entre a carreira e a família.
Concede: decisão na direção a tomar.

Red Chestnut: Bach
Finalidade: eliminar apego, preocupação excessiva com os outros.
Concede: calma e desapego.

Rock Rose: Bach
Finalidade: eliminar pânico, medo excessivo.
Concede: coragem, tranqüilidade de espírito.

Rock Water: Bach
Finalidade: eliminar arrogância, orgulho e intolerância.
Concede: flexibilidade, serenidade e tolerância.

Scleranthus: Bach
Finalidade: eliminar dúvida, indecisão, instabilidade, inconstância e ansiedade.
Concede: calma, constância, otimismo e alegria.

Star of Bethlehem: Bach
Finalidade: eliminar angústia, depressão, choque, trauma e mágoa.
Concede: calma, alegria, tranqüilidade e paz.

Sweet Chestnut: Bach
Finalidade: eliminar abatimento, angústia, depressão, carência e negativismo.
Concede: vigor, novas esperanças, liberdade, independência e positividade.

Sunflower: Californiano
Finalidade: eliminar distúrbios na relação paterna.
Concede: auto-expressão na relação com o pai.

Tansy: Californiano
Finalidade: eliminar apatia, hesitação e indecisão.
Concede: ação decisiva e motivação.

Trumpet Vine: Californiano
Finalidade: eliminar gagueira e dificuldade para se expressar verbalmente.
Concede: criatividade, segurança, confiança e auto-expressão.

Vervain: Bach
Finalidade: eliminar irritabilidade, tensão, agitação, arrogância, agressividade e medo.
Concede: calma, confiança, determinação, segurança e coragem.

Vine: Bach
Finalidade: eliminar ansiedade, orgulho, tensão, agressividade e complexo.
Concede: calma, otimismo, segurança, energia e vitalidade.

Walnut: Bach
Finalidade: eliminar inconstância, dependência, submissão, tristeza e medo do novo.
Concede: constância, independência, liberdade, alegria e coragem.

Water Violet: Bach
Finalidade: eliminar mágoa, apatia e egoísmo.
Concede: calma, docilidade, otimismo e segurança.

White Chestnut: Bach
Finalidade: eliminar exaustão, pensamento repetitivo e insônia.
Concede: bom sono, novos pensamentos, calma e relaxamento.

Wild Oat: Bach
Finalidade: eliminar conflito profissional, dúvida em relação à vocação, indecisão.
Concede: segurança, clareza mental, visão da melhor direção a tomar.

Willow: Bach
Finalidade: eliminar carência, mal humor, ciúme, ódio e rancor.
Concede: flexibilidade, perdão e bom humor.

Yarrow: Californiano
Finalidade: desvitalização.
Concede: proteção contra sugadores de energias.

Yerba Santa: Californiano
Finalidade: eliminar traumas mal resolvidos.
Concede: calma e serenidade.

Zinnia: Californiano
Finalidade: eliminar aspereza, seriedade e fisionomia sisuda.
Concede: alegria, animação, leveza e liberação da criança interior.

Rescue

É utilizado em caso de emergência. Sua fórmula é composta por cinco essências, sendo elas:
Star of Bethlehem: para choque ou trauma
Rock Rose: para o pânico
Impatiens: para tensão extrema
Cherry Plum: para desespero profundo
Clematis: para tontura ou perda da consciência.

INFORMAÇÕES À PARTE:

Rescue

Restaura imediatamente a energia em casos de:
- brigas familiares
- divórcio
- más notícias
- medos
- perda de consciência
- tensão e pânico de qualquer natureza

Walnut

Protege contra as influências negativas. Ajuda em grandes mudanças como:
- rompimento de relacionamento
- mudança de residência, cidade, país ou trabalho

Fórmula para proteção

Angélica, Walnut, Crab Apple e Yarrow
- Colocar 10 gotas em 1 litro de água e borrifar todos os cantos da casa.

Sonhos

Neste capítulo, você encontrará um breve comentário sobre os sonhos. Caso tenha maior interesse neste tema, no final do livro, em obras consultadas, há títulos que abrangem com mais profundidade o assunto.

É impossível o ser humano viver e não sonhar. O sonho, esse fenômeno que ocorre em todos nós, é necessário para o nosso equilíbrio físico, mental e espiritual. Eles nos curam, nos ensinam, nos previnem, nos direcionam para o melhor caminho. Nos ligam ao passado, nos mostram as situações presentes, nos revelam a melhor solução para um determinado problema e nos proporcionam a abertura de nossa visão para o futuro.

Há muito tempo, as pessoas têm se utilizado deste fantástico mundo dos sonhos, para melhorar sua qualidade de vida.

Os sonhos funcionam como fonte de vastas inspirações e nos dão as respostas que tanto buscamos, conscientemente. São reveladas através dos sonhos, o que não nos é acessível com a mente desperta, acordados.

Os anjos se utilizam deste canal para nos transmitir as suas mensagens. Segundo Sigmund Freud os sonhos foram descritos como – "*a estrada régia que leva ao inconsciente*".

Carl Jung, sempre acreditou que seu trabalho e toda a sua criatividade vieram por intermédio dos sonhos. Já Edgar Cayce afirmou: "*Os sonhos são uma manifestação do subconsciente. Qualquer condição, antes de se tornar uma realidade, já foi primeiramente sonhada*", "*Deus comunica-se com o homem através do seu próprio Eu e este aprofunda-se em seu íntimo no momento em que seu consciente repousa: durante o sono. Sonhos são a recepção do inconsciente*" e "*Quando o corpo está adormecido, existe aquele auto Eu que se comunica com a alma*".

Conta-se numa antiga lenda: "*Quando os deuses criaram a raça humana, eles discutiram entre si sobre onde deveriam guardar os segredos da vida, de modo que não fossem facilmente encontrados. Um dos deuses queria colocá-los no topo de uma montanha, outro queria guardá-los no centro da Terra e outro sugeriu que os colocasse no fundo do mar, porque ali ninguém os* encontraria. Após várias sugestões e discordâncias, finalmente um deles falou:

— Vamos pôr esse conhecimento dentro dos homens, pois lá eles nunca irão olhar!"

Os tempos mudaram e o ser humano aprendeu a buscar suas respostas, dentro de si mesmo. Algumas pessoas, ainda que saibam que todo o conhecimento de que tanto necessitam habita em seu interior, procuram-no insistentemente em lugares longínquos. Já é tempo de todos acordarem e enxergarem o mundo fantástico que há no interior de cada um de nós.

Explore este fantástico e maravilhoso mundo e tenha bons sonhos.

Sugestões para ter bons sonhos

- Procure desligar-se dos acontecimentos que o perturbam no decorrer do dia.
- Evite assistir a filmes que o deixam tenso.
- Faça uma oração para tranqüilizar o seu espírito.
- Se puder, acenda um incenso para purificar e acalmar o ambiente. Ao mesmo tempo deixá-lo-á relaxado.
- Um banho quente também ajuda a aliviar a tensão acumulada durante o dia.
- Travesseiros de ervas, além de tranqüilizadores, facilitam no combate à insônia.
- A cabeceira da cama, orientada para o norte, traz bons resultados para um bom sono e bom aproveitamento dos sonhos.
- Pronunciar o mantra OM, por alguns minutos, antes de dormir, proporciona uma noite bem dormida.
- Mantenha ao lado de sua cabeceira uma caneta e um caderno de anotações, para anotar os sonhos. (Se preferir, opte por um gravador.)
- Uma música tranqüila, além de relaxar, é indicada para se fazer meditações, antes de mergulhar no mundo mágico dos sonhos.
- Faça afirmações como: *"Vou ter bons sonhos, que me revelarão tudo do que necessito para clarear o meu mental e vou me lembrar de todas as mensagens que receber."*

OBSERVAÇÕES:

a) Quando tiver necessidade de obter uma resposta sobre

algum assunto que o incomoda, antes de dormir peça ao seu Eu Interior que lhe passe informações pelos sonhos. Se caso achar que o ajudará, no seu propósito, escreva tudo aquilo que deseja ter revelação via sonhos e coloque embaixo do seu travesseiro.

b) Quando quiser encontrar alguém que há muito não vê e do qual deseja ter notícias, comande o seu Eu Interior para que isso aconteça por meio do sonho.

c) Muitas pessoas buscam o conhecimento da sua alma gêmea via sonhos. Peça ao seu EU Interior que lhe revele quem é a sua alma gêmea.

Mensagens dos anjos através dos sonhos

- se o anjo entra em sua casa: é prosperidade para todas as pessoas que nela moram.
- se o anjo estiver com uma espada nas mãos: está muito próximo de grandes honrarias para você.
- se o anjo estiver com uma vela acesa: brevemente receberá convite para um casamento e o anjo lhe pede para clarear os seus sentimentos.
- se o anjo estiver nu e for do sexo feminino: encontrará objetos perdidos.
- se o anjo estiver nu e for do sexo masculino: terá sorte e prosperidade num futuro próximo.
- se o anjo estiver numa tapeçaria: atenção! Você não está lhe dando chance de ser feliz.
- se o anjo estiver próximo a muitas árvores: indica alegrias renascendo no seu coração.
- se o anjo estiver segurando um papiro: indica nomeação para novo cargo ou cuidado ao assinar documentos.
- se o anjo estiver tocando uma harpa: pede-lhe para controlar mais as suas emoções, não aja no impulso.
- se o anjo estiver vestido de amarelo: use melhor a sua inteligência.
- se o anjo estiver vestido de azul: tenha paciência, a sua ascensão logo chegará.
- se o anjo estiver vestido de branco: paz a caminho.
- se o anjo estiver vestido de lilás: recuperará o dinheiro que perdeu, mudança de casa benéfica para você.
- se o anjo estiver vestido de rosa: purifique o seu coração.

- se o anjo estiver vestido de verde: indica cura, recursos abundantes e melhorias financeiras.
- se o anjo for uma criança ou estiver com uma criança: solte-se mais, deixe a criança que habita no seu interior se revelar.
- se o anjo lhe mostra um tesouro: alerta para se firmar mais nos seus interesses.
- se o anjo se aproxima de você: em breve receberá por merecimento próprio a paz almejada.
- se o anjo segura ou confecciona um talismã: indica que um segredo lhe será revelado.
- se o anjo trouxer nas mãos lírios brancos: alerta para purificar seu coração.
- se o anjo trouxer nas mãos rosas amarelas: indica a chegada de notícias felizes e lhe pede para que promova bons diálogos com as pessoas.
- se o anjo trouxer nas mãos rosas brancas: lhe pede para manter a harmonia no seu lar.
- se o anjo trouxer nas mãos rosas cor-de-rosa: felicidade junto à pessoa amada.
- se o anjo trouxer nas mãos rosas vermelhas: indica proteção e momentos felizes no amor.
- se um anjo está num quadro: lhe pede para se soltar mais nos seus relacionamentos afetivo e familiar.
- se você entra numa igreja acompanhado por um anjo: receberá uma graça divina.
- se você escuta uma serenata de anjos: aprenda a guardar mais os segredos que lhe contam.
- se você está lendo livros de anjos: indica contentamento à vista.
- se você estiver num salão cheio de anjos: indica que a sua situação melhorará gradualmente.
- se você vê anjos em museu: seu êxito será adiado.
- sonhar com anjos: indica que a sua felicidade afetiva está próxima.

Significado de alguns símbolos

- acender uma vela: pode confiar em quem lhe fez uma proposta.
- água agitada: preocupações exageradas que o consomem.

- água cristalina em seu percurso natural: evolução psíquica, paz chegando brevemente.
- água: superação dos obstáculos, bem-estar, saúde perfeita.
- amarelo: grande poder mental.
- anjo: proteção.
- arco-íris: sorte e êxito em todos os seus empreendimentos; receberá muita proteção dos anjos.
- árvore cheia de frutos: nova amizade lhe trazendo muitos benefícios.
- árvore florida: indício de muita felicidade.
- árvores: grande apego à vida terrena.
- azul-escuro: desenvolvimento do terceiro olho, intuição aguçada.
- azul: sabedoria necessária para encontrar a verdade.
- branco: purificação.
- chave: os caminhos estão abertos, siga em frente com os seus objetivos.
- cor-de-rosa: muita afetividade nas relações.
- crianças: a alegria lhe retornará.
- dourado: muita sabedoria para agir.
- escada: êxito num futuro breve.
- flores: harmonização do emocional.
- fogo: bom aproveitamento das oportunidades.
- frutas: lucros materiais.
- grama: boa saúde.
- jardim: expansão dos sentimentos.
- lago: valiosas informações a seu respeito.
- livros: novas e boas experiências.
- mar agitado: cuidado com os impulsos.
- mar: anuncia tranqüilidade para os próximos dias.
- marrom: isolamento social.
- montanha: êxito obtido pelos próprios esforços.
- neve: mudança de situação.
- portão: novas oportunidades a caminho.
- prateado: iniciação no misticismo.
- preto: conhecimento profundo.
- sonho em cores: muita vitalidade.
- subir em árvores: período de muita sorte.

- túnel: cumprirá a sua missão tranqüilamente.
- vela acesa: momentos de muita iluminação.
- vela amarela: evolução espiritual.
- vela azul: muita proteção.
- vela branca: solução dos problemas.
- vela verde: segurança econômica.
- vela vermelha: grande paixão.
- verde: cura de enfermidade.
- vermelho: expansão dos negócios.
- violeta: cura espiritual.

Banhos

Uma das mais belas magias, sem sombra de dúvida, é feita pelo banho.

Quantos de nós, muitas vezes, após um longo dia de trabalho, exaustos, chegamos em casa, loucos por um banho, que não só refará nossas energias como descansará nossos corpos cansados? Tenho por base o que me ocorre. Quando estou tensa, agitada, procuro tomar um banho quente e logo estou completamente calma e relaxada. Já, quando estou com a cabeça quente, tumultuada com pensamentos tolos, entro de cabeça numa ducha de água fria e logo meu estado de espírito melhora.

Todos nós sabemos que, além do corpo físico, possuímos outros corpos: emocional, mental, astral, espiritual.

Nossa aura é o corpo sutil que envolve nosso corpo físico com uma camada protetora, uma espécie de película.

Todos os problemas que nos ocorrem acarretam-nos tensões que atingem justamente esta película (aura) e, muitas vezes, chegam a lesá-la.

Para restaurá-la, os banhos de ervas são excelentes. Por esta razão me preocupei em elaborar algumas sugestões, espécies de banhos que você pode, tranqüilamente, tomar:

Para eliminar pensamentos negativos

Ferva 1 litro de água e acrescente 7 cravos-da-índia. Tampe a panela e deixe o seu banho amornar. Depois do banho costumeiro, jogue-o do pescoço para baixo.

Para levantar o ânimo

Ferva 1 litro de água com 7 punhados de alfazema (ervas). Se preferir, depois da água fervida, desligue o fogo e acrescente 7 gotas de perfume de alfazema. Quando o banho estiver numa temperatura que o seu corpo suporte, jogue-o do pescoço para baixo.

Para atrair melhorias financeiras

Ferva 1 litro de água com 7 pedaços de canela em pau. Desligue o fogo e acrescente uma pitada de açúcar. Tampe a panela e deixe o seu banho esfriar a ponto de seu corpo suportar. Após o banho diário, jogue-o do pescoço para baixo.

Para proteção

Ferva 3 litros de água e acrescente 7 galhinhos de arruda. Tampe a panela e deixe o banho chegar à temperatura que o seu corpo suporte. Jogue-o do pescoço para baixo.

Para eliminar energias negativas

Um litro de água e um pouco de sal é suficiente para eliminar toda energia negativa e cansaço, adquirido durante o dia. Deve ser jogado do pescoço para baixo.
O sal grosso é indicado para o sexo masculino e o sal fino para o sexo feminino. O sal marinho pode ser utilizado por ambos os sexos.
Observação: O banho de sal deve ser feito uma vez ou outra, pois dizem os entendidos que o uso freqüente causa dificuldades financeiras.

Os banhos de mar e de cachoeiras são ótimos para descarregar as energias negativas. Por serem banhos naturais, produtos da natureza, o efeito é de transmutação -transformam energias negativas em positivas. Procure, sempre que puder, usufruir desta maravilha que Deus nos presenteou.

ATENÇÃO:

Quando o banho for tomado para eliminação de energias negativas, a água deve escorrer pelo ralo e os ingredientes jogados em água corrente.
Para atrair coisas boas, a água deve cair dentro de uma bacia e, depois, regar uma planta de sua casa com ela. O mesmo deve ser feito com os ingredientes. Devem ser jogados ou enterrados num vaso de sua casa.
Em qualquer um dos banhos, o corpo deve secar naturalmente. Não deve enxugar-se com a toalha.
Vista-se com roupas claras.

Purificação Externa

Muitos costumam chamar de defumação, outros, de incensar. Eu prefiro intitular de purificação, já que é exatamente o que fazemos. Purificamos o local que está saturado de energias negativas.

Este é um ato praticado há milhares de anos e, atualmente, vem despertando maior interesse nas pessoas que, até há pouco tempo, por receio ou vergonha, não admitiam a sua eficácia.

Em momento algum, devemos nos envergonhar ou recear por algo que mal algum nos acarretará.

Tudo o que fazemos por amor e em benefício das pessoas só podem nos resultar em algo maior – o bem a nós mesmos.

Quando a energia negativa do local é dissipada, o ambiente fica mais calmo e há uma grande abertura para se atrair mais positividade nos relacionamentos e demais interesses como bem-estar, saúde, fartura, abundância, prosperidade, riqueza, harmonia, amor, felicidade e paz.

Não basta somente purificar o local, é preciso que seja mantido purificado por mais tempo, evitando brigas, discussões, agressões, choros e maus pensamentos. Toda a energia gerada por tais procedimentos fica impregnada nas paredes e objetos, atraindo mais energias negativas e saturando o local. De nada adianta purificar o externo, se o interno permanecer o mesmo.

Preparação Básica

Em um turíbulo ou uma lata com pequenos furos, coloque alguns pedaços de carvão, um pouco de álcool e acenda. Jogue o fósforo aceso a distância, para não correr o risco de se queimar. Isto deve ser feito onde não há perigo de o fogo se alastrar.

Quando o carvão estiver vermelho, em brasa (sem fogo), acrescente os ingredientes sugeridos mais adiante.

Limpeza - Eliminação das Energias Negativas

Faça sempre na lua minguante. Comece dos fundos, indo até a frente de sua casa, como se estivesse retirando o que não lhe serve, jogando-o para a rua.

Para Atrair Energia Positiva

Faça na lua nova, crescente ou cheia. Para atrair, você deve iniciar da frente de sua casa, trazendo para os fundos.

Há pessoas que simplesmente "defumam" a casa. Outras rezam o "Credo", o "Pai Nosso" ou a "Ave Maria". Algumas fazem a sua própria oração, de acordo com o que desejam. E há muitas que cruzam o canto dizendo: *"Cada Santo tem um canto, cada canto tem um Santo. Em nome do Pai, do Filho e do Espírito Santo."*

Se você preferir, pode recitar o salmo 30 ou 91.

Ingredientes Sugeridos

Para limpeza da casa

opção 1 – casca de alho, fumo de rolo e farinha de milho
opção 2 – enxofre em pó
opção 3 – benjoim, mirra e incenso
opção 4 – açúcar mascavo
opção 5 – açúcar branco e cravo-da-índia

Para atrair prosperidade

opção 1 – açúcar cristal, bagaço de cana e canela em pau
opção 2 – salsa, manjericão, canela em pau, camomila, erva-doce e hortelã
opção 3 – açúcar branco, canela em pau
opção 4 – açúcar cristal, louro e salsa

Para atrair harmonia

opção 1 – camomila, erva-doce, noz-moscada, anís-estrelado e açúcar
opção 2 – benjoim, mirra, incenso, cravo da índia, canela em pau, noz-moscada, louro e açúcar
opção 3 – pimenta da Jamaica, cravo da índia, canela em pau, anís-estrelado, camomila e noz-moscada

Caso você prefira, ao invés de fazer com o braseiro, opte pelos incensos em varetas.
Estes devem ser colocados em incensários e postos nos cômodos da casa.

Algumas sugestões de aromas:

alecrim: purifica o local e elimina a depressão.
alfazema: eleva o humor e acalma o espírito dos moradores.
angélica: protege o local contra más vibrações.
arruda: purifica o ambiente.
camomila: acalma e melhora a questão financeira.
jasmim: elimina o stress.
rosa branca: limpa todo o ambiente e traz calma para os moradores.
vertiver: atrai dinheiro e felicidade aos moradores.

Semana Mágica

Durante toda a semana que se inicia, você usará alguns minutos de cada dia para praticar os rituais feitos sob a proteção dos arcanjos.
Se os fizer com respeito e fé, não demorará muito para obter excelentes resultados, que acrescentarão indiscutíveis melhoras em sua vida.
É óbvio que cada ser é único. Portanto, alguns poderão ver realizado o seu desejo de imediato, enquanto outros podem ter que esperar um pouco mais.
Caso você faça parte do último grupo, não desista. Persista no seu objetivo, acrescentando uma dose maior de fé. Tenha paciência e saiba esperar pelo momento certo de receber o que tanto almeja. Lembre-se: *"Cada um colhe aquilo que semeia."*

Ritual

- No seu altar, acenda o incenso e a vela indicados para o dia.
- Invoque 7 vezes o nome do Arcanjo do dia e mencione o seu pedido.
- Logo a seguir recite os salmos 91 e o sugerido para o dia.

Domingo - Arcanjo Miguel

Deve ser invocado para: Proteção, eliminar toda energia negativa e maléfica, abrir os caminhos, solucionar todos os problemas de ordem material, obter favores de pessoas influentes, aumentar o círculo das boas amizades, cura de enfermidades, tornar a vida mais alegre, ter sucesso nos empreendimentos, progredir materialmente, ser iluminado nas escolhas, expansão e liderança nos projetos.
Incenso: canela, louro, camomila e alecrim
Salmo: 118

Segunda-Feira - Arcanjo Gabriel

Deve ser invocado para: Apaziguar os relacionamentos conturbados, harmonizar o lar, acalmar as tensões emocionais, acelerar a chegada de boas mensagens ou notícias de pessoas distantes e até desaparecidas, proteger a gestação e o parto, favorecer as mudanças, concretizar os sonhos e as esperanças rapidamente, desenvolver e aguçar a intuição, proteção em viagens.
Incenso: erva-cidreira, mirra, jasmim, rosa branca e sândalo
Salmo: 36

Terça-Feira - Arcanjo Chamuel/Samuel

Deve ser invocado para: Proteção contra os perigos, êxito e rapidez nos negócios, resolver com facilidade as situações embaraçosas, aumentar o poder mental, força, vigor, coragem, destruir as más influências, solucionar rapidamente problemas profissionais.
Incenso: pinho, cravo e absinto
Salmo: 11

Quarta-Feira - Arcanjo Rafael

Deve ser invocado para: Cura de doenças, boa memorização, inteligência, criatividade, boas comunicações, excelentes transações comerciais, inspirações para escrever, sucesso em concursos e entrevistas.
Incenso: lavanda e romã
Salmo: 54

Quinta-Feira - Arcanjo Tzadkiel

Deve ser invocado para: Expansão dos negócios, bons ganhos financeiros, prestígio e ascensão profissional, sucesso nos empreendimentos, solução rápida dos problemas financeiros, abertura dos caminhos para novas e boas oportunidades, êxito e prosperidade na empresa.
Incenso: erva-doce, noz-moscada, cravo-da-índia e cedro
Salmo: 120

Sexta-Feira - Arcanjo Haniel

Deve ser invocado para: Reconciliação conjugal, harmonia familiar, fortalecimento das amizades, proteção da relação afetiva, amor,

atração, boas amizades, bom relacionamento com sócios.
Incenso: almíscar, rosa, jasmim e verbena
Salmo: 142

Sábado - Arcanjo Tzaphkiel

Deve ser invocado para: Eliminar obstáculos, aumentar o conhecimento, fortalecer a espiritualidade, aumento da clientela e fazer boas vendas, resolver questões relacionadas a imóveis, ter força para lutar pelos objetivos, afastar vícios, colocar em dia tudo que se encontra estagnado.
Incenso: mirra, vertiver, patchulli e cipreste
Salmo: 30

Invocações aos Anjos Cabalísticos

Para Amor

Anjo Jeliel

Promove: União conjugal - Reconciliação com a pessoa amada - Paz, harmonia e fidelidade entre o casal.

Durante 7 noites de lua nova, entre 00:21 e 00:40, pronuncie em voz alta:

Jeliel, não fique longe de mim!
Vem depressa me socorrer!
Jeliel, não fique longe de mim!
Ó meu anjo auxiliador, vem depressa me ajudar.
Jeliel, que haja paz, amor e harmonia entre mim...
(seu nome) e... (nome da pessoa).
Jeliel, que a fidelidade, o respeito e o carinho estejam sempre presentes na nossa relação.
Jeliel, que a união de nossos corações nos beneficie cada dia mais.
Jeliel, que nosso relacionamento irradie luz e muita paz a todos os envolvidos.
Jeliel, que a felicidade se faça presente hoje e sempre em nossos corações e em nossa vida.
Amém.

Anjo Yesalel

Promove: Harmonia conjugal - Reconciliação com a pessoa amada – Fidelidade entre o casal - Amor, carinho e compreensão no âmbito familiar.

Durante 7 dias de lua nova, entre 04:01 e 04:20, pronuncie em voz alta:

Yesalel, os céus proclamaram Sua justiça,
e nós contemplamos a Sua glória.
Yesalel, que a harmonia retorne e permaneça
no meu lar.

*Yesalel, que o amor cresça e se multiplique entre nós,
eu... (seu nome) e... (nome da pessoa).
Yesalel, que haja muito amor, carinho, respeito e
compreensão no meu lar, entre os meus
e em toda a minha família.
Yesalel, que minha união com... (nome da pessoa)
seja abençoada pela Luz Divina.
Yesalel, obrigado por escutar o meu apelo.
Yesalel, obrigado por atender o meu desejo.
Yesalel, obrigado por toda harmonia que promove
no meu lar, no dia-a-dia com... (nome da pessoa)
e com toda a minha família.
Amém.*

Anjo Nelchael

Promove: Proteção contra olho gordo, inveja e ciúme no relacionamento afetivo (namoro, noivado ou casamento).

Durante 7 dias de lua minguante, entre 06:41 e 07:00, pronuncie em voz alta:

*Nelchael, em ti eu confio, Senhor.
Em tuas mãos está o meu futuro,
livra-me dos inimigos que atentam contra a minha vida.
Nelchael, eu o invoco neste instante para que
sua poderosa força combata toda a inveja,
olho gordo e más vibrações que interferem
no meu relacionamento
com... (nome da pessoa).
Nelchael, eu peço que se faça presente neste
instante e destrua todo o mal que prejudica
minha união com... (nome da pessoa).
Nelchael, não permita chegar a mim... (seu nome)
e... (nome da pessoa) a inveja, o ciúme e todo e
qualquer mal que possa interferir na nossa relação
e nos afastar ou separar.
Nelchael, que meu... (namoro, noivado ou casamento)
seja para o bem de todos os envolvidos
e motivo de esperança, não de inveja.
Nelchael, proteja-nos em todos os momentos.
Amém.*

Anjo Mihael
Promove: Paz e harmonia no lar.

Durante 7 dias de lua nova, entre 15:41 e 16:00, pronuncie em voz alta:
>Mihael, com seu fiel amor, lembra-se de nós.
>Mihael, eu o invoco para que proteja meu lar.
>Mihael, eu peço que traga paz e mantenha
>a harmonia na minha família.
>Mihael, que a alegria se multiplique
>em meu âmbito familiar.
>Mihael, fortaleça os laços afetivos entre nós...
>(nome das pessoas).
>Mihael, nos ilumine e nos proteja.
>Mihael, que minha família sirva de exemplo
>a outras famílias.
>Amém.

Anjo Chavakiah
Promove: Encontro com o verdadeiro amor.

Durante 7 dias de lua crescente, entre 11:21 e 11:40, acenda uma vela (verde: homem – rosa: mulher) e um incenso (sândalo: homem – almíscar: mulher).

Colocar junto à vela e ao incenso uma pedra de esmeralda e um copo com água e açúcar.

A seguir pronuncie em voz alta:
>Anjo Guardião, Anjo Chavakiah, Arcanjo Haniel
>e Deusa do Amor.
>Sou grato ao Senhor, Mestre Jesus, porque eterno
>é Seu amor.
>Digo a todo instante: Eterno é Seu amor.
>Repito a todo instante: Eterno é Seu amor.
>Penso a todo instante: Eterno é Seu amor.
>Anjo que me guarda em todos os momentos,
>ilumine os meus caminhos.
>Anjo Chavakiah, eu o agradeço por atender
>o meu apelo.
>Arcanjo Haniel, ensine-me a observar sua lei
>e a seguirei de todo o coração.
>Encaminhe-me na trilha de seus mandamentos,
>pois nela me delicio.
>Incline meu coração para as suas leis.

> *Desvie os meus olhos do fascínio da ilusão
> e me reanime em seu caminho!
> Preencha meus dias com beleza infinita,
> que o amor se faça presente agora
> e sempre na minha vida.
> Deusa do Amor, minha alma anseia pelo encontro
> do ser que me completa.
> De todo coração busco seu favor.
> Abra os meus caminhos, dirija meus pés para ir ao
> encontro da minha alma gêmea, abra os meus olhos
> e meu coração para reconhecê-la.
> Anjo Guardião, Anjo Chavakiah, Arcanjo Haniel
> e Deusa do Amor,
> apressem por amor meu encontro com
> o meu verdadeiro amor.
> Sou grato ao Senhor, porque eterno é este amor.
> Amém.*

Para Saúde

Anjo Omael

Promove: Boa saúde.

Por 7 dias seguidos, entre 09:41 e 10:00, reze 1 "Pai Nosso" ao seu anjo guardião, recite o salmo de seu anjo cabalístico e os salmos 29 e 70.

Em seguida diga 7 vezes:
> *Omael, que minha saúde seja perfeita,
> pois EU SOU filho de Deus Pai Perfeito.
> Amém.*

Anjo Mumiah

Promove: Proteção em cirurgia.

Durante 7 dias seguidos, no mesmo horário ou 7 vezes ao dia de hora em hora, recite o salmo do Anjo Mumiah.

No término, reze 1 "Pai Nosso", 1 "Ave Maria" e 1 "Glória ao Pai", ao seu anjo guardião e recite o salmo do seu anjo cabalístico.

Diga em voz alta:
> *Mestre Jesus, Arcanjo Rafael, Anjo Guardião.
> Anjo... (nome do seu anjo cabalístico).*

Anjo Mumiah,
eu peço por proteção no momento em
que eu estiver em cirurgia.
Que tudo corra perfeitamente neste momento.
Protejam-me em nome de Deus Pai-Mãe.
Iluminem... (nome do médico) e guiem as suas mãos.
Obrigado, infinitamente obrigado por tanta proteção.
Amém.

Para Soluções Imediatas

Anjo Elemiah

Promove: Superação rápida das provações.

Por 7 dias seguidos, sempre no mesmo horário, recite os salmos 6 e 7 em voz alta.

No término, acenda um incenso e uma vela, ofereça ao seu anjo guardião e ao seu anjo cabalístico, em seguida diga 7 vezes:
Elemiah, salva-me por amor de tua misericórdia.
Elemiah, ajude-me a ... (diga o que deseja).
Traga-me a rápida solução.

Anjo Menadel

Promove: Progresso rápido.

Durante os 7 dias de lua crescente, recite o salmo do Anjo Menadel, em seguida diga:
Menadel, livre-me das redes os meus pés.
Salve-me de todas as tribulações.
Instrua-me em teus caminhos.
Que eu progrida rapidamente,
porque a ti, Senhor, elevo minha alma.
Amém.

Anjo Imamiah

Promove: Socorro imediato.

Durante os 7 dias de lua nova, entre 17:01 e 17:20, reze a "Prece de Cáritas" em intenção a toda a humanidade, o "Pai Nosso" ao seu anjo guardião, recite o salmo de seu anjo cabalístico e os salmos 6 e 7.

No término diga:
>Imamiah, escute atentamente as minhas palavras
>(mencione o pedido), seja feita a vontade do meu Pai.
>Amém.

Para Proteção

Anjo Ieiaiel

Promove: Proteção em viagem.

Durante 7 dias seguidos, entre 07:01 e 07:20, recite em voz alta:
>Ieiaiel, que o Senhor me guarde e
>me proteja nesta viagem.
>Ieiaiel, que no percurso de minha viagem
>eu tenha muita proteção.
>Ieiaiel, por onde eu passar, encontre sempre boas amizades,
>pessoas de bem, de boa índole
>e boas intenções.
>Ieiaiel, onde eu parar, eu seja bem recebido
>e todos me prestem auxílio no que eu necessitar.
>Ieiaiel, que pelos caminhos ao meu destino
>a alegria seja constante.
>Ieiaiel, que ao retornar para o meu lar eu traga na bagagem boas
>lembranças de uma viagem feliz.
>Amém.

Anjo Hakamiah

Promove: Proteção contra os inimigos ocultos ou declarados – Proteção do cargo que ocupa.

Durante 7 dias seguidos, entre 05:01 e 05:20, pronuncie em voz alta:
>Hakamiah. Senhor, meu protetor, me livre
>dos meus inimigos ocultos ou declarados.
>Clamo por ti Senhor neste momento, para
>que seja minha guarda e minha proteção.
>Hakamiah, que maldade alguma meus
>inimigos tenham forças para me enviar.
>Hakamiah, abrande o coração de todos
>nós e que juntos possamos caminhar sempre
>em direção ao bem que Jesus nos ensinou.

Hakamiah, transmute todo o ódio em amor,
transforme todo mal em bem.
Hakamiah, proteja-me constantemente
para que eu possa triunfar sobre todas as maldades
e ensinar a todos que o bem sempre vence.
Hakamiah, que a sua Divina Luz me proteja
e me ilumine
em todos os instantes nesta minha
caminhada terrena.
Amém.

Anjo Haamiah

Promove: Proteção do lar – Proteção da família – Proteção contra os perigos noturnos – Proteção contra assalto.

Durante 7 dias, entre 08:21 e 08:40, leia os salmos 90 e 91, em seguida recite em voz alta:
Haamiah, sua palavra encaminhe e guie os
meus passos para a Luz.
Haamiah, a sua Luz ilumina todos os meus caminhos.
Haamiah, que a sua proteção seja uma constância
por todos os instantes nesta
minha experiência humana.
Haamiah, proteja a mim, meu lar, meu casamento,
minha família, todos os meus entes queridos.
Proteja todos nós, seres espirituais que
passam por esta experiência humana.
Amém.

Anjo Haiaiel

Promove: Proteção contra inveja – Proteção poderosa contra todo tipo de energia negativa.

Durante 7 dias seguidos, entre 23:21 e 23:40, acenda uma vela, um incenso e coloque um copo com água ao lado.
Recite os salmos 30, 57 e 108, no término diga:
Haiaiel!
Haiaiel!
Haiaiel!
Senhor, proteja-me dia e noite.
Senhor, que toda energia negativa
seja completamente eliminada.

Que todos os obstáculos sejam derrotados.
Que todas as amarras sejam dissipadas.
Que todas as invejas sejam afastadas.
Que todo mal seja destruído.
Senhor, me proteja e me ilumine dia e noite
por todos os meus caminhos.
Amém.

Para Prosperidade

Anjo Ieiazel

Promove: Prosperidade na empresa.

Durante 7 dias seguidos de lua crescente, entre 13:01 e 13:20, pronuncie em voz alta:
Ieiazel. Por que, Senhor, repele a minha alma,
por que esconde de mim a tua face?
Ieiazel, hoje eu o invoco, Senhor, estendo as minhas mãos na
sua direção.
Ieiazel, hoje eu pergunto: de onde vem o meu auxílio?
Ieiazel, hoje eu confio e sei que vens em meu auxílio.
Ieiazel, sei que ouve o meu apelo e
vem depressa me socorrer.
Que eu prospere caminhando na Luz,
e que meu coração seja por ela iluminado.
Meus dias sejam infinitamente prósperos em prol
de quem como eu necessita de sua ajuda.
Amém.

Anjo Veuliah

Promove: Prosperidade nos negócios.

Durante 7 dias de lua nova, entre 14:01 e 14:20, pronuncie em voz alta:
Veuliah. Eu... (nome) o invoco neste momento para que meu
apelo seja ouvido.
Veuliah, que os meus alicerces sejam sagrados
para a construção de boas obras.
Veuliah, abra-me Senhor as portas que
me levem sempre a bons negócios.
Veuliah, que todos os acordos que houver
sejam benéficos para todos os envolvidos

e que juntos tenhamos um destino glorioso,
coroado de bênçãos e satisfações.
Veuliah, que o sucesso seja de acordo
com a vontade de Deus.
Veuliah, por toda a minha confiança
no Senhor eu me entrego
nas suas mãos, pois no Senhor estão todas
as minhas fontes.
Veuliah, sob sua Luz Divina, torno-me sábio
para prosperar meus negócios.
Amém.

Para Combater e eliminar angústia, tristeza, melancolia e depressão

Anjo Vehuiah

Promove: Bom humor- Otimismo.

Durante 7 noites seguidas, no horário das 00:01 a 00:20, com a sua face voltada para o norte, diga em voz alta:
Vehuiah, o Senhor é o meu escudo e proteção.
Vehuiah, eu o invoco para que levante a minha
cabeça e ilumine o meu coração.
Levante-me, Senhor!
Salve-me, Senhor!
No Senhor eu confio os meus dias.
Deito-me e adormeço; acordo; porque
o Senhor me sustenta.
Amém.

Anjo Vehuel

Promove: Destruição da angústia, tristeza, melancolia e depressão.

Durante 7 dias de lua minguante, entre 16:01 e 16:20, recite em voz alta o salmo 144 e em seguida o salmo do seu anjo cabalístico.
No término diga:
Vehuel, ouça as minhas palavras.
Vehuel, atenda o meu apelo.
Vehuel, escute o meu grito por socorro.
Eu suplico, guie os meus passos.

*Liberte a minha alma, livre-me da angústia,
da tristeza, da melancolia e da depressão,
tenha misericórdia, Senhor.
Ilumine o meu coração com a sua Divina Luz
e que esta se espalhe, iluminando os caminhos
por onde eu passar.
Amém.*

Magias com os Anjos Cabalísticos

Sucesso nos negócios

Escreva num papel branco, sem pauta, o nome do seu Anjo Cabalístico e o nome do Anjo Ieiaiel. Em seguida, copie o salmo 120.
Por 7 dias seguidos, entre 7:01 e 7:20, acenda uma vela azul e um incenso de cedro e recite o salmo em voz alta.
No último dia, ou seja, no oitavo dia, queime o papel. As cinzas você esfrega em suas mãos e assopra no tempo, ao vento, fora de casa.

Solucionar rapidamente os problemas

Acenda uma vela vermelha de 7 dias, num pires. No sentido horário, coloque um pouco de azeite em volta da vela e, à sua frente, um copo com água e açúcar.
Ofereça ao seu Anjo Guardião e peça ao Anjo Lecabel proteção ao seu pedido.
Reze 1 "Pai Nosso" e recite o salmo do Anjo Lecabel.
Se desejar, acenda 1 incenso para purificar o local.

Encontrar o(a) parceiro(a) ideal

Numa sexta-feira de lua nova, à 6:00 horas, acenda 1 vela cor-de-rosa ao seu Anjo Guardião, reze 1 "Pai Nosso" e peça ao anjo para abrir os seus caminhos, seus olhos e seu coração para encontrar o(a) parceiro(a) ideal.
À 9:00 horas tome o banho de energização:
Ferva 3 litros de água. Desligue o fogo e coloque: anis-estrelado, alfazema, pétalas de rosa (branca ou rosa), canela em pau, cravo-da-índia, açúcar ou mel e algumas gotas de perfume (sândalo: homem – patchulli ou almíscar: mulher). Tampe e deixe esfriar.
      Depois do seu banho normal, jogue-o do pescoço para baixo. Deixe que o seu corpo seque naturalmente. Vista roupas claras, de preferência em tons pastéis - verdes ou rosa.

Entre 11:21 e 11:40, diga 9 vezes, em voz alta: *Chavakiah*.
Em seguida recite o salmo 114.
Para obter um excelente resultado, repita este ritual por mais oito sextas-feiras.

Eliminar inveja de seu relacionamento afetivo

Escreva o salmo 119 num papel branco e sem pauta, enrole-o como se fosse um pergaminho e carregue-o sempre com você.
Uma vez por dia, recite-o em voz alta.

Para o(a) ex retornar

Por 9 dias, acenda uma vela para o seu Anjo Guardião e outra para o anjo da pessoa amada.
Peça a proteção do anjo Haziel em seu pedido e diga:

Anjo Haziel, se for para o bem de ambos e felicidade de todos os envolvidos, promova nosso reencontro. Obrigado pela harmonia entre nós. Obrigado pela nossa união. Amém.

Em seguida recite o salmo 24.

Em volta das velas, você pode colocar mel, sempre no sentido horário. E toda vez, quando as velas terminarem de queimar, raspe o pires e enterre as sobras das velas num vaso.
Peça permissão ao "Elemental da terra", ofereça e entregue ao "gênio da terra", para que ele acelere a realização do seu desejo.

Elementais

"Nós que somos uma parte do reino angelical sabemos muito bem que a fraternidade de anjos, Elementais e homens, precisa, neste momento em que Aquário12 se aproxima, estabelecer uma cooperação equilibrada cada vez maior em termos de beleza e alegria, se a humanidade quiser chegar a esse estado de percepção onde o Universo, na sua manifestação cósmica, se torna tanto compreensível quanto real para eles."

Arcanjo Miguel

Desde o princípio, coube-nos a incumbência de cumprirmos nossas missões: criar, planejar, inventar, dirigir, harmonizar, perdoar, amar, cooperar, doar, colaborar para a evolução espiritual. Os Elementais (construtores da forma) receberam, como incumbência, a importante tarefa de trazer à manifestação (concretizarem, tornar realidade) os nossos projetos com a permissão de Deus. Eles habitam nos elementos principais da vida:

Terra – Gnomos
Fogo – Salamandras
Água – Ondinas
Ar – Silfos

Devem ser cultuados com muito respeito. Dentro da magia, lidaremos sempre com estes quatro elementos – TERRA (que pode ser simbolizada pela própria terra, pedra ou cristal); FOGO (simbolizado por uma vela acesa); ÁGUA (simbolizada pela própria água, num recipiente de vidro transparente) e AR (simbolizado por um incenso aceso).

Junto a cada elemento temos os Elementais. Portanto, não podemos nos esquecer de invocá-los e de pedir permissão para que o ritual se realize.

Há pessoas que, três dias antes de realizar qualquer ritual, evitam sexo, bebidas alcoólicas, fumo e carnes vermelhas. Isto deve ser uma opção da própria pessoa. Ela deve seguir a sua intuição e agir como bem desejar. O mais importante é a paz interior da pessoa, no momento do ritual.

Em qualquer ritual, é necessário que haja vontade e consciência de que este é por uma causa justa e benéfica (não se deve fazer mecanicamente ou para testar a sua eficácia).

Preparo

No dia em que for fazer o ritual, procure se alimentar com alimentos leves, frutas, verduras e evitar carne vermelha.

Tomar banho de purificação:
Ferva 1 litro de água, desligue o fogo e coloque somente as pétalas de três rosas brancas. Tampe o recipiente e deixe chegar à temperatura que o seu corpo suporte.

Tome o seu banho costumeiro de higiene (com sabão de coco), pegue o banho de rosas e jogue da cabeça para baixo, pedindo ao seu anjo guardião que o limpe de todas as impurezas e o proteja. Recolha as pétalas, jogue-as em água corrente ou coloque-as num jardim.

Não enxugue o seu corpo. Deixe-o secar naturalmente. Vista roupas claras.

Se possível, após o banho, evite fumar (se não conseguir, fume menos que o habitual).

Altar dos Elementais

Em uma pequena mesa, num local tranqüilo, que seja bem ventilado e claro, monte o seu altar para conquistar a simpatia dos Elementais e, para que possa invocá-los, forre-a com uma toalha (se possível, feita por você mesmo).

Enfeite o seu altar com muitas *pedras e cristais* – ágata laranja, esmeralda, quartzo rosa, amazonita, sodalita, citrino, topázio, água-marinha e turmalina negra.

Plantas vivas – rosas, margaridas, crisântemos, lírios.

Vaso de violeta – (rosa ou branca).

Frutas - uvas, maçãs, pêras.

Mantenha uma *vela* acesa de 7 dias (a cor pode ser de sua preferência ou de acordo com o que necessita para a semana).

amarela: clarear a mente, abrir o intelecto e firmar os pensamentos

azul: calma, serenidade, intuição, expansão dos projetos, ascensão profissional e prosperidade.

branca: cura, limpeza, iluminação e paz.

laranja: força mental, aumento da autoconfiança e criatividade

marrom: resolver questões de heranças, vendas e compras de terras ou imóveis, melhoria financeira.
rosa: acalmar ambientes conturbados e o emocional, amor, harmonia e união.
verde: cura, fartura, abundância e estabilidade.
vermelha: coragem, ânimo, ação, proteção, assuntos relacionados à matéria (trabalho e dinheiro), evolução rápida dos acontecimentos.
violeta: transmutar energias negativas em positivas, aumentar os períodos de boas inspirações.

Não deixe faltar no seu altar incenso e uma taça com água pura e cristalina. Enquanto coloca as coisas no seu altar, vá oferecendo e conversando com os Elementais.

Invocações

A invocação é uma forma de se fazer um pedido aos Elementais. Uma espécie de oração.
Deve ser feita para:

Terra – Gnomos

Bens materiais: ganho, sustento, dinheiro, riqueza, prosperidade, fartura e abundância.

Fogo – Salamandras

Espiritualidade: purificação, destruição das energias maléficas, cura.
Trabalho: coragem, vigor, entusiasmo, vontade, ação, bons empreendimentos.

Água – Ondinas

Sentimento: amor, amizade, emoção.
Dons: intuição, artes, clarividência.
Outros: beleza, fecundidade, fertilidade.

Ar – Silfos

Mente: trabalhos mentais e psíquicos, transmissão de pensamentos, mensagens, comunicações, solução imediata dos problemas, eliminação das preocupações, aceleração dos negócios.

Ritual dos Elementais

Terra – Gnomos

Numa hora noturna, se possível à meia-noite, voltado para a direção norte, segure em suas mãos um punhado de terra, uma pedra ou um cristal e faça a invocação, em voz alta:

Salve Gnomos, protetores da terra.
Eu... (nome) os invoco,
peço que sua poderosa força
se faça presente agora.
Vinde a mim com todo seu poder
concretizar minha riqueza.
Que haja abundância, fartura e muita
prosperidade a todos nós, seres espirituais
que vivenciam esta experiência humana.
Que meus ganhos materiais tragam
sempre condições para o meu sustento
e de todos os envolvidos.
Amém.

Fogo – Salamandras

Ao meio-dia (12:00 h em ponto), voltado para a direção sul, acenda uma vela vermelha e faça a invocação, em voz alta:

Salve Salamandras guardiãs do fogo.
Eu... (nome) as invoco,
peço que o poder de seu calor
se faça presente agora.
Ser flamejante!
Venha a mim com sua poderosa chama
destruir toda a energia negativa que
me impede de caminhar.
Cure-me de todos os males.
Dê-me coragem e vigor para agir
sempre em benefício de todos.
Que meus empreendimentos sejam realizados
para o bem de todos os envolvidos.
Que seu poder concretize minhas vontades,
que são realizadas sempre para o bem de todos.
Amém.

Água – Ondinas

Logo nas primeiras horas do dia, voltado para a direção oeste, segure uma taça transparente cheia com água pura e faça a invocação, em voz alta:

Salve Ondinas, poderes da água.
Eu... (nome) as invoco,
peço que pelas águas de seu útero,
elemento precioso de meu organismo,
que o amor transborde em mim e
inunde todos os meus semelhantes.
Nesta luz matutina que me ilumina,
dê-me intuição de forma nobre,
que toda a verdade me seja revelada,
de forma límpida e cristalina,
para o bem de todos os envolvidos.
Que o amor seja a causa de minha existência.
Ó poder presente em meu coração, me oriente em relação à...
(situação) que estou vivenciando.
Que a pureza de meus sentimentos
cresça e se fortaleça a cada amanhecer.
EU SOU a Poderosa Presença, que
governa minha vida e meu mundo.
EU SOU a Paz, a Harmonia e o Amor.
Ondinas, façam-se presentes agora e
me conduzam serenamente através de tudo
e de todos com quem eu me encontrar.
Amém.

Ar - Silfos

Logo ao amanhecer, voltado para a direção leste, acenda um incenso (mirra, verbena ou benjoim) e faça a invocação, em voz alta:

Salve Silfos, poderes do ar.
Eu... (nome) os invoco,
peço que sua poderosa força
se faça presente agora.
Vinde a mim com todo seu poder,
Energia Perfeita de cada sopro que respiro.
Atmosfera pura de meu mundo,
envie-me sua energia e sua luz.
Portadores de todas as mensagens aos
seres espirituais existentes,

transmitam-me bons pensamentos e que estes se multipliquem a cada encontro. Que meus pensamentos sejam sempre positivos, fluindo, carregando e renovando cada célula de meu cérebro, de minha mente e de meu corpo, neste instante presente. Que a rapidez de sua energia elimine todas as minhas preocupações e seu poder infinito acelere todos os meus negócios para o bem de todos os envolvidos.
Amém.

Rituais para o amor

Gnomos

- Lave uma pedra bruta de tamanho médio (quartzo rosa, esmeralda, turmalina rosa ou verde).
- Enterre-a num vaso de rosas, na cor do objetivo desejado:
  amarela: reconciliação e bom diálogo
  branca: paz
  rosa: harmonia, carinho e maior aproximação
  vermelha: proteção e atração
- Deixe-a por 3 dias (os que antecedem a lua crescente). Desenterre-a, na lua crescente, no horário de Vênus:
- Segure a pedra com as duas mãos, próxima ao coração e diga:
  "Gnomo que habita dentro desta pedra, ajude-me a ampliar a minha capacidade de amar e a expandir o sentimento de amor de... (nome) por mim. Que nossa união seja pura e verdadeira."
- Durante 7 dias de lua crescente, segure a pedra e repita o pedido, oralmente.
- Deixe-a sempre junto de você e não deixe nenhuma pessoa tocá-la.

Ondinas

- Num local onde tenha águas (rio, lago, cachoeira ou mar), ande descalço pelo tempo que sentir vontade. Quando estiver completamente tranqüilo, vire-se de frente para a água, feche os olhos e mentalize a pessoa amada (caso você não a tenha, visualize-a como você a idealiza). Enquanto fortalece a imagem dela, em sua tela mental, jogue 6 rosas ou palmas brancas às ondinas. A cada flor jogada, reforce o seu pedido às ondinas.

Silfos

- Caminhe pelo tempo que desejar, num local onde tenha muito verde.
- Respire profundamente e, em seguida, inspire e expire, calmamente, até se sentir completamente relaxada.
- Ao retornar para casa, acenda um incenso (sândalo: homem – patchulli: mulher). Coloque-o embaixo de uma cadeira e sobre ela fique sentado. Concentre-se no seu pedido e peça para os silfos realizá-lo com rapidez.

Salamandras

- Num local tranqüilo, acenda uma vela.
- Fixe a sua atenção na chama da vela e concentre-se na formulação do seu pedido às salamandras.
- Faça a invocação das Salamandras e deixe a vela queimar até o final.

Sugestões para escolha da cor da vela e objetivo do pedido:

azul: serenidade e tranqüilidade no relacionamento afetivo.
branca: reconciliação e paz.
laranja: aumentar o seu poder de atração.
rosa: harmonia e união.
vermelha: proteção e conquista rápida.
violeta: eliminar toda e qualquer energia negativa de qualquer área da sua vida.

Elementos

Ar

Para dissipar as energias negativas do local, acenda todas as manhãs um braseiro com carvão, coloque um punhado de açúcar mascavo, cravo-da-índia e alfazema (erva).
Se preferir, opte pelos incensos em varetas: rosa branca, violeta ou verbena.

Terra

Para combater os entraves que impedem seu progresso material, mantenha no seu lar, ambiente de trabalho, empresa ou comércio muitas plantas (vivas, naturais).
As plantas mais indicadas são: dólar, dinheiro em penca, folha da fortuna e árvore da felicidade.
Se preferir, opte pelo "vaso coquetel" – comigo-ninguém-pode, arruda, guiné, alecrim, espada de São Jorge, mirra e lírio branco.
Para afastar as energias negativas, é muito bom manter pedras por perto, de preferência em cima da sua mesa. As mais indicadas são: turmalina negra e drusa de cristal.
Elas devem ser limpas e energizadas, de 15 em 15 dias, pelo menos.

Fogo

Para eliminar sentimentos negativos, ter mais proteção e iluminação.
Uma vez por semana, acenda 1 vela de 7 dias, ofereça ao seu anjo guardião e aos anjos guardiães de cada membro da sua família.
Todos os dias, pela manhã, recite uma oração ou o salmo que for mais adequado para o período.

Água

Para eliminar as vibrações negativas e maléficas da sua vida. Em um copo de vidro transparente, coloque sal até a metade e complete com água. Dentro coloque uma colher de metal com o cabo para fora.

Na radiestesia, isto funciona como pára-raios de energias negativas. É aconselhável trocar a água e o sal, semanalmente. A água e o sal devem ser jogados no vaso sanitário, para descarregar as energias negativas.

O copo e a colher permanecem os mesmos, mas devem ser lavados para nova utilização.

Você notará, algumas vezes, que a água ficará cheia de bolinhas, como se fosse água gasosa; isto indica que está sendo puxada toda energia negativa que se acumulou no local. Neste caso, troque a água e o sal, sem esperar pelo sétimo dia.

Conclusão

Ao término de mais uma obra, tenho muito a agradecer a Deus por mais esta oportunidade de realização, e aos meus leitores que me incentivam a uma busca maior, no aprendizado diário.

Todas as "fórmulas", aqui encontradas, me foram extremamente úteis, de grande valia para melhoria do meu dia-a-dia. Proporcionaram-me bem-estar e favoreceram grandes realizações: afetiva, familiar, pessoal, profissional, material e, principalmente, meu progresso e crescimento espiritual. Assim como eu, você, leitor, pode seguir pelo mesmo caminho e tornar a sua vida mais harmoniosa, satisfatória e feliz.

Tudo o que você aprender ensine sem medo às outras pessoas. Transmita a elas todas as fórmulas que você usa diariamente, para as conquistas de suas metas e concretização dos seus objetivos. Quanto mais você passar, mais receberá. É a lei natural da conseqüência - ação e reação.

No campo da magia, tudo é multiplicado.

Pratique o bem, sempre faça o bem a quem quer que seja, para que o bem também chegue a você e aos seus entes queridos todos os dias. Que a Magia do Amor Universal nos una, para o cumprimento de nossas missões terrenas, em prol de todos nós.

Que todas as "Energias e Magias" favoreçam todos os envolvidos, inclusive você.

Obras Consultadas

1. Barret, Francis – Magus; Tratado Completo de Alquimia Oculta, Mercúryo, 1994 – (reprodução do original de 1801).
2. Bíblia – Estudando a Palavra de Deus, FTD e Vozes, 1995.
3. Bontempo, Márcio – Medicina Floral, Ediouro, 1994.
4. Brennan, Barbara Ann – Mãos de Luz, Pensamento, 1990
5. Cano, Román - Os Segredos dos Sonhos, Record, 1983.
6. Chevalier, Jean e Alain Gheerbrant – Dicionário de Símbolos, J.O. Editora, 1988.
7. Daniel, Alma – Timothy Willie, Andrew Ramer – Pergunte ao seu Anjo, Pensamento, 1994.
8. Jabor, Angela Marcondes – Anjos Guardiães e Cabalísticos, Angel Mystic Editora (atual Ascend Editora), 1995.
9. Jabor, Angela Marcondes – SOS dos Anjos Guardiães e Cabalísticos, Angel Mystic Editora (atual Ascend Editora), 1996.
10. Gomes, Horivaldo – A Magia das Velas, Pallas, 1993.
11. Holbeche, Soozi – Como os Sonhos Podem nos Ajudar, Cultriz, 1994.
12. Howard, Michael – Uso Mágico das Velas e Seu Significado Oculto, Hemus, 1983.
13. Katz, Richard e Patrícia Kaminski v Repertório das Essências Florais, Aquariana, 1991.
14. Lenain – A Ciência Cabalística, Martins Fontes, 1986.
15. Levi, Eliphas – A Chave dos Grandes Mistérios, Pensamento.
16. Levi, Eliphas – Dogma e Ritual da Alta Magia, Pensamento, 1993.
17. Lorenz, F.V. – Cabala, Pensamento, 1994.
18. Lyra, Alberto – Qabalah – A Doutrina Secreta dos Judeus Numa Perspectiva Ocidental, Ibrasa, 1988.
19. Magalhães, Cristina – Magia Acesa, Nórdica, 1995.
20. Mello, Luiz Carlos de – Convivendo com os Anjos e os Elementais da Natureza, Eclética, 1994.
21. Novais, Giana Mordenti e Sonya Adharias Soares Bueno – Arcanjos, Seu Poder, Sua Magia, O Lume, 1995.

22. Papus – Tratado Elementar de Magia Prática, Pensamento, 1991.
23. Piobb, P.V. – Formulário de Alta Magia, Francisco Alves, 1987.
24. Scheffer, Mechthild – Terapia Floral do Dr. Bach, Pensamento, 1993.
25. Schepis, Rosaly M. – Anjos, o anjo nosso de cada dia, Madras, 1995.
26. Selby, John – O Despertar Kundalini, Best Seller-Círculo do Livro, 1995.
27. Stellarius – Oráculo dos Anjos, Record-Nova Era, 1994.
28. Vince, Leo – A Magia das Velas, Pensamento, 1981.

Obras da Autora

- Tarô Instrumento de Auto-Ajuda (4ª edição)
- Tarô A Solução Atual – c/cartas (3ª edição)
- Anjos Guardiães e Cabalísticos (13ª edição)
- SOS dos Anjos Guardiães e Cabalísticos (7ª edição)
- Energias e Magias (10ª edição)
- Salmos Angelicais (9ª edição)
- A Senda dos Anjos (5ª edição)
- Minhas Preces e Orações Prediletas (3ª edição)
- Orações aos Anjos e Arcanjos (3ª edição)
- O Caminho em Busca da Luz (2ª edição)
- Mensagens, Conselhos e Rituais Angelicais
- Na Luz dos Anjos
- A Magia das Energias no dia-a-dia (3ª edição)
- Invocações aos Anjos Cabalísticos
- Magias Para Encantar no Mundo Mágico em que vivemos
- Para Que Se Preocupar, Se Você Pode Orar? (2ª edição)
- Companheiros de Jornada nas Emoções e Razões dos Relacionamentos
- Kuan Yin – A Deusa dos Milagres (3ª edição)
- Sábias Palavras de Grandes Mestres (de bolso)
- Oráculo do Mestre Interior (de bolso)
- SOS Coração (de bolso)
- Salmos Angelicais (de bolso)
- Maria – A Mãe Divina, Nossa Senhora, a medianeira de todas as graças

A Respeito da Autora

Angela Marcondes Jabor, natural de Pindamonhangaba – SP, reside com marido e filhos em São Paulo – SP. Reikiana. Estudiosa do Tarô desde os 13 anos de idade, atuou como Taróloga no período de 1989 a 1997, época também em que fazia palestras e ministrava cursos. Ao entrar na área dos anjos acabou conhecendo e se aprofundando nos Mestres Ascensos, e desde então acabou se envolvendo com a Fraternidade Branca.

Acadêmica, membro efetivo da Academia de Letras de Pindamonhangaba – SP e escritora desde 1994. Participou de vários programas de rádio e televisão, escreveu matérias para revistas e jornais. Hoje, dedica-se integralmente aos seus livros, sua paixão. Seu livro "Anjos Guardiães e Cabalísticos" encontra-se na 13ª edição e o seu mais recente trabalho "Companheiros de Jornada nas emoções e razões dos relacionamentos" vem aos poucos ganhando a atenção dos leitores.

Autora de vários livros, contendo ensinamentos sobre espiritualidade, autoconhecimento e busca da felicidade, com os quais vem aumentando consideravelmente o carinho e a admiração de seus fãs. E, em cada trabalho, cativando mais leitores com sua linguagem clara, objetiva e simples. Sempre com o propósito único de contribuir para a construção de um mundo melhor.

Conheça outros livros da Ascend

- A Magia do Eu Posso
  Sandra Meirelles e Élcio Souto

- Meditações para Despertar o Deus Interior
  Sandra Meirelles

- Tarô – Oráculo dos Mestres
  Leandro Cunha

- Vivendo Pra Valer
  Lindeberg Sousa

- Vozes no Jardim da Alma
  Élcio Souto

Livros de Bolso

- Rituais de Kuan Yin 2ª edição
  Sandra Meirelles

- Sutras Sagradas de Kuan Yin 2ª edição
  Sandra Meirelles

- Ganesha – O Removedor de Obstáculos
  Sandra Meirelles

- Shiva – O Destruidor do mal

- Durga – A Invencível

- Lakshmi – Deusa da Prosperidade

**INFORMAÇÕES SOBRE NOSSOS LIVROS,
ATIVIDADES E LANÇAMENTOS:**

ASCEND

Livros que elevam, inspiram e ajudam você a crescer.
Fone/fax: 11. 2232-2756
e-mail: vendas@ascendeditora.com.br
www.ascendeditora.com.br

**Enviamos nossos livros para todo o Brasil.
À venda também nas melhores lojas e livrarias.**

impressão e acabamento:

EXPRESSÃO & ARTE GRÁFICA
Fones: (11) 3951-5240 / 3951-5188
E-Mail: expressaoearte@terra.com.br
www.expressaoearteeditora.com.br